essentials

essentials liefern aktuelles Wissen in konzentrierter Form. Die Essenz dessen, worauf es als „State-of-the-Art" in der gegenwärtigen Fachdiskussion oder in der Praxis ankommt. essentials informieren schnell, unkompliziert und verständlich

- als Einführung in ein aktuelles Thema aus Ihrem Fachgebiet
- als Einstieg in ein für Sie noch unbekanntes Themenfeld
- als Einblick, um zum Thema mitreden zu können

Die Bücher in elektronischer und gedruckter Form bringen das Expertenwissen von Springer-Fachautoren kompakt zur Darstellung. Sie sind besonders für die Nutzung als eBook auf Tablet-PCs, eBook-Readern und Smartphones geeignet. essentials: Wissensbausteine aus den Wirtschafts, Sozial- und Geisteswissenschaften, aus Technik und Naturwissenschaften sowie aus Medizin, Psychologie und Gesundheitsberufen. Von renommierten Autoren aller Springer-Verlagsmarken.

Heiner Keupp

Reflexive Sozialpsychologie

Heiner Keupp
LMU München
Department Psychologie
München
Bayern
Deutschland

ISSN 2197-6708 ISSN 2197-6716 (electronic)
essentials
ISBN 978-3-658-12931-6 ISBN 978-3-658-12932-3 (eBook)
DOI 10.1007/978-3-658-12932-3

Die Deutsche Nationalbibliothek verzeichnet diese Publikation in der Deutschen Nationalbibliografie; detaillierte bibliografische Daten sind im Internet über http://dnb.d-nb.de abrufbar.

Springer VS
© Springer Fachmedien Wiesbaden 2016
Das Werk einschließlich aller seiner Teile ist urheberrechtlich geschützt. Jede Verwertung, die nicht ausdrücklich vom Urheberrechtsgesetz zugelassen ist, bedarf der vorherigen Zustimmung des Verlags. Das gilt insbesondere für Vervielfältigungen, Bearbeitungen, Übersetzungen, Mikroverfilmungen und die Einspeicherung und Verarbeitung in elektronischen Systemen.
Die Wiedergabe von Gebrauchsnamen, Handelsnamen, Warenbezeichnungen usw. in diesem Werk berechtigt auch ohne besondere Kennzeichnung nicht zu der Annahme, dass solche Namen im Sinne der Warenzeichen- und Markenschutz-Gesetzgebung als frei zu betrachten wären und daher von jedermann benutzt werden dürften.
Der Verlag, die Autoren und die Herausgeber gehen davon aus, dass die Angaben und Informationen in diesem Werk zum Zeitpunkt der Veröffentlichung vollständig und korrekt sind. Weder der Verlag noch die Autoren oder die Herausgeber übernehmen, ausdrücklich oder implizit, Gewähr für den Inhalt des Werkes, etwaige Fehler oder Äußerungen.

Gedruckt auf säurefreiem und chlorfrei gebleichtem Papier

Springer Fachmedien Wiesbaden ist Teil der Fachverlagsgruppe Springer Science+Business Media
(www.springer.com)

„Was sie in diesem essential finden können"

- Die „zwei Kulturen" der Psychologie
- Die zentrale Frage in der Vorgeschichte der Sozialpsychologie: „Ist der Mensch ein soziales Wesen"?
- Wenn Selbstverständlichkeiten im Alltag verloren gehen
- „Kühle" und „heiße Perioden" in der Geschichte
- Ideengeschichtliche Vorläufer der Sozialpsychologie
  - Platon versus Aristoteles
  - Christentum: Das Individuum wird wichtig
  - Die „Geburt" des modernen Subjekts in der Neuzeit
- Die Psychologie wird zur (Natur-)Wissenschaft
- „Völkerpsychologie": Das Subjekt im soziokulturellen Kontext
- Die Doppelnatur des Menschen: Natur- und Kulturwesen
- Für eine „soziale" Sozialpsychologie: Für eine gesellschaftsgeschichtlichen Reflexivität

Reflexive Sozialpsychologie[1]

[1] Ich greife zum Teil auf ältere Textpassagen aus Keupp (1993, 1994b, 1998, 2001) zurück.

Inhaltsverzeichnis

Einleitung: Von der (Un-)Möglichkeit Sozialpsychologie zu betreiben

1

Die Sozialpsychologie hat sich einen festen Platz im Kanon der psychologischen Teildisziplinen gesichert und sie behauptet diesen Platz mit einer scheinbar ungetrübten disziplinären Selbstgewissheit. Ist diese denn wirklich berechtigt? Sie scheint dann unangefochten, wenn sie sich paradigmatisch unter den Fittichen der sich naturwissenschaftlich verstehenden Psychologie aufhält. Aber gehört sie da überhaupt hin? Wie anders versteht sich die Sozialpsychologie, die sich eher soziologischen Traditionen verbunden weiß, allerdings wird sie dann schon eher als Mikrosoziologie definiert. Geht sie darin auf? Manche Professur für Sozialpsychologie wurde zum Zankobjekt zwischen psychologischen und soziologischen Departments. Nicht selten wurde der Zuordnungskonflikt salomonisch aufgelöst und die Sozialpsychologie sollte Dienstleistungen für beide Bereiche erbringen. Diese pragmatischen Lösungen können aber die Frage nach der fachlichen Identität der Sozialpsychologie noch nicht klären. Sie verweisen zunächst auf ein „dazwischen", ein Ort zwischen Psychologie und Soziologie, zwischen Natur- und Sozialwissenschaften. Dieser Zwischenwelt eine fachliche Gestalt zu geben, müsste der Anspruch der Sozialpsychologie sein, aber das klingt einfacher als es letztlich ist.

Historisch betrachtet, gab es immer wieder seriöse Hinweise auf die Relevanz dieser Zwischenwelt. So hat Freud in seinen kulturtheoretischen Schriften sehr stark das „Ergänzungsverhältnis" von subjektive Motivlagen und objektiven gesellschaftlich-kulturellen Bedingungen betont. Erst in ihrem Zusammentreffen und –wirken ermöglichen sie die Erklärung massenpsychologischer Phänomene. Es geht um ein „Ergänzungsverhältnis" mit „Gelegenheitsstrukturen" und sie haben beide sehr viel mit Motivlagen und ihrer Umsetzung in konkretes Handeln zu tun. In unserem Handeln, sagte Sigmund Freud, wirken unsere primären Motive, Wünsche oder Triebe mit den kulturellen Erwartungen, Wertungen, aber auch Verbotstafeln zusammen. Das Handeln bildet häufig irgendeine Art von Kompromiss zwischen unseren Wünschen und dem, was kulturell geebnet oder erschwert ist. Unter

© Springer Fachmedien Wiesbaden 2016

H. Keupp, *Reflexive Sozialpsychologie,* essentials,
DOI 10.1007/978-3-658-12932-3_1

Bedingungen einer von Krieg gekennzeichneten oder deformierten Kultur können z. B. destruktive oder sadistische Impulse im Einklang mit den gesellschaftlichen Erwartungen gebracht werden, die in Friedenszeiten geächtet wären. Umgekehrt kann die Hilfestellung für Angehörige von Minderheiten in Friedenszeiten als geachtete altruistische Handlung angesehen werden und das gleiche Handeln macht Dich in Deiner eigenen Gemeinschaft zum Geächteten oder gar Feind, wenn diese Minderheit zum Feind wird.

Freud hat sich in seiner Genialität wenig um disziplinäre Grenzpfähle gekümmert. Er hat intellektuell Phänomene und Konzepte quer zu den Grenzziehungen verknüpft. Für zwei ihm sehr verpflichtete Autoren aber ist diese Verknüpfungsleistung komplexer, wenn auch unverzichtbar: Theodor W. Adorno und Georges Devereux. Der Ethnopsychoanalytiker Devereux betont die Notwendigkeit Phänomene in einer subjektorientierten Perspektive zu ergründen und die gleichen Phänomene aber auch kulturwissenschaftlich zu durchleuchten. Das seien zwei wesensmäßig unterschiedliche „Bezugssysteme", die nicht in einander überführt werden können, sondern „komplementaristisch" begriffen werden müssten (Devereux 1978). Hier greift er auf die Heisenbergsche Unschärferelation zurück, die auch für die Ethnopsychoanalyse gelten würde: Man könne nicht gleichzeitig das Subjekt in seiner psychodynamischen Besonderheit und als Mitglied eines kulturellen Systems wahrnehmen. Gefordert sei „die gegenseitige Befruchtung – nicht aber eine Vermischung – von zwei eigenständigen wissenschaftlichen Ansätzen: dem psychologischen und dem soziokulturellen. Diese beide stehen in einem Komplementaritätsverhältnis zueinander" (Devereux 1974, S. 69). Psychologie und Soziologie können aus dieser Perspektive keine Symbiose eingehen, die wir dann als Sozialpsychologie deklarieren könnten.

Auch Adorno hat erhebliche Bedenken, psychologische und soziologische Theorieansätze zu koppeln, ohne genauer zu prüfen, was sie jeweils für sich bereits an unausgesprochenen Annahmen über das Verhältnis von Subjekt und Gesellschaft voraussetzen: „Die Wissenschaften von der Gesellschaft und von der Psyche, soweit sie unverbunden nebeneinander herlaufen, verfallen gemeinhin der Suggestion, die Arbeitsteilung der Erkenntnis auf deren Substrat zu projizieren. Die Trennung von Gesellschaft und Psyche ist falsches Bewußtsein; sie verewigt kategorial die Entzweiung des lebendigen Subjekts und der über den Subjekten waltenden und doch von ihnen herrührenden Objektivität" (Adorno 1955, S. 13). Aber Adorno fügt gleich noch einen wichtigen Satz an: „Das falsche Bewußtsein ist zugleich richtiges, inneres und äußeres Leben sind voneinander gerissen" (ebd.). Hier begegnen wir der kritischen Theorie, die eine Sozialpsychologie einfordert und auch selbst entwickelt hat, die aber darauf insistiert, dass die Entfremdungserfahrungen der Subjekte in der kapitalistischen Gesellschaft nicht durch begriffliche

Konstrukte ausgelöscht werden, die – wie etwa die Theorie von Talcott Parsons – eine bruchlose Integration von Individuum und Gesellschaft unterstellen. Eine kritisch-reflexive Sozialpsychologie bekommt hier ein anspruchsvolles Mandat, das allerdings von der vorherrschenden Psychologie vollkommen ignoriert wird, denn die hat sich aus dem sozialwissenschaftlichen Fächerspektrum selbst ausgeschlossen.

Wer noch mit Hubert Rohrachers „Einführung in die Psychologie" (bis 1988 hat es seine 13. und letzte Auflage erfahren) in sein Fach hineinsozialisiert wurde, für den gab es nur „einen Weg" in die wissenschaftliche Psychologie hinein. Was dem nicht entsprach (wie etwa die Psychoanalyse, die phänomenologische oder die Kulturpsychologie), wurde als Überbleibsel einer historisch überwundenen Stufe der Fachentwicklung oder als unwissenschaftlich abgetan. Dieser arrogante Gestus der herrschaftlichen Besetzung der fachlichen „claims" und der Definition von Regeln des normgerechten Verhaltens innerhalb dieser Bezirke ist nicht ausgestorben. Er hat sich allerdings eine liberalere Facon zugelegt, die an einem Beispiel aufgezeigt werden soll.

Der Anschluss der akademischen Psychologie an kulturelle und philosophische Entwicklungen erfolgt meist mit einem gehörigen time lag. In den Kultur- und Sozialwissenschaften wird seit etwa 30 Jahren von den „zwei Kulturen"[1] gesprochen (Snow 1964). Die eine Kultur hat sich um die klassischen Naturwissenschaften kristallisiert, die andere um die Geisteswissenschaften. 20 Jahre nachdem Snow das Konzept von den „zwei Kulturen" geprägt hat, taucht er auch in der Psychologie auf (Kimble 1984). Und noch einmal ein paar Jahre später wird er auch in der deutschen akademischen Psychologie aufgegriffen, um auf eine Bewegung im Fach zu reagieren, die sich für eine „Erneuerung der Psychologie" einsetzt (Prinz 1992).

Die Anerkennung von zwei Kulturen in der Psychologie, die jeweils ihre eigenständigen Erkenntnisinteressen, theoretische Traditionen und legitime Methoden haben, scheint ein wichtiger Schritt in Richtung der Überwindung hegemonialer Ansprüche zu sein. Wie werden die beiden Kulturen charakterisiert? Prinz (1992) unterscheidet eine streng naturwissenschaftlich arbeitende „nomothetische" Position, die allgemein gültige Gesetze des Verhaltens ermittelt und eine „idiographische" Position, die konkrete Handlungsmuster aus ihrem jeweiligen soziokulturellen Rahmenbedingungen verstehbar machen will.

Prinz beschreibt nüchtern, dass das Verhältnis der beiden Kulturen von einer wechselseitigen Stereotypen- und Ressentimentbildung geprägt ist. Seine Ein-

[1] Jerome Kagan (2009) hat aufgezeigt, dass man heute von drei Kulturen sprechen müsste: Der natur-, der geistes- und der sozialwissenschaftlichen Kultur.

schätzung der beiden Kulturen scheint im Eingangsteil seines Aufsatzes von der Überzeugung getragen, dass jede Kultur für sich ein legitimes Existenzrecht besitzen würde und das klingt nach einem Votum der Toleranz für diese beiden Kulturen. Doch dies stellt sich schnell als „konditionale Toleranz" heraus: „… die beiden Lager (sind) aufeinander angewiesen–wenn auch asymmetrisch: Das idiographische Lager ist stärker auf das nomothetische Lager angewiesen als umgekehrt" (S. 5). Toleranz für eine sozial- und kulturwissenschaftliche Psychologie besteht dann und nur dann, wenn sie die „nomologischen Netze" der nomothetischen Psychologie übernimmt und akzeptiert: „Idiographische Interpretation bedeutet immer: den einzelnen konkreten Sachverhalt auf allgemeine, abstrakte Strukturen, die breit und verbindlich empirisch verankert sind" (Prinz 1992).

Dieses „Toleranzedikt" ist schon deshalb inakzeptabel, weil es der sozial- und kulturwissenschaftlichen Psychologie eine ihrer zentralen Erkenntnisgrundlagen entzieht: Unsere alltagspsychologischen und genauso auch unsere fachlichen psychologischen Konzepte können keinen Anspruch auf Universalität haben, weil sie kulturgebundene Konstrukte sind. Diese Einsicht hat Janet Spence in ihrer Präsidialrede vor der American Psychological Association unmissverständlich so ausgedrückt: „… Wissenschaftler sind Produkte ihrer Gesellschaft und ihrer Zeitepoche und ihre Konstruktion von sozialer Wirklichkeit wird von der Weltanschauung und den Werten der Kultur geformt, in der sie groß gezogen wurden. Dieses Überzeugungssystem kann alle Phasen der Forschung beeinflussen, in der sich Wissenschaftler engagieren, von der Auswahl des Problems bis zur Interpretation der Ergebnisse" (1985, S. 1285). Solche Aussagen müssten doch eigentlich eine Position erschüttern, die von der Möglichkeit universell gültiger Kategorien für psychisches Geschehen ausgehen. Kurz vor dem Erscheinen des Artikels von Prinz konnte man in dem angesehenen Mainstreamjournal „Psychological Review" einen Artikel lesen, in dem eine anerkannte Selbstkonzeptforscherin zusammen mit einem japanischen Kollegen die Forschungsliteratur zum Thema Kultur und Selbst referiert und diskutiert (Markus und Kitayama 1991). Sie zeigen auf, dass die Hauptströmungen gegenwärtiger Kognitions-, Emotions- und Motivationsforschung von einem impliziten Selbstkonzept ausgehen, das das westliche Subjektmodell eines unabhängigen, autonomen und in sich geschlossenen Individuums als universelle Folie psychologischer Konzeptbildung und Interpretation annimmt.

Gerade die kulturvergleichende Psychologie und Ethnopsychoanalyse liefern empirische Belege in reichem Maße, die die kategoriale Messlatte, die für Prinz die Dominanz von Kultur Eins über Kultur Zwei rechtfertige, als fragewürdige Universalie dekonstruiert. Sein scheintoleranter Rückgriff auf die Snowsche Zwei-Kultur-Konzeptionen erweist sich deshalb auch letztlich als ein Beispiel „repressiver Toleranz". Das Repressionsmoment verrät sich schon in den gewählten Formulierungen. Er will die beiden Kulturen „zwingen", sich im „Projekt der modernen Psychologie" produktiv zu arrangieren (S. 4) und die den beiden Kulturen „innewohnenden zentrifugalen Tendenzen" seinen „weiterhin in einem gemeinsamen disziplinären Rahmen eingesperrt zu halten" (S. 5 f.). Prinz spricht die immer wieder aufflammenden „Sezessionsversuche" der beiden Kulturen in der Psychologie an, die ja in einigen Psychologiedepartments der USA und in der APA bereits begonnen habe, und dass er früher selbst für eine Aufspaltung der Psychologie eingetreten sei. Er plädiere jetzt für die gegenteilige Option. Wenn aber bei der vorgesehenen „Zwangsehe" der kategoriale Ton und Takt ohnehin von Kultur Eins vorgegeben werden soll und diese auch die entscheidenden Impulse für die „expansive Entwicklung, die die Psychologie in den letzten Jahren erfahren hat" (S. 6), gegeben hätte, fragt sich der erstaunte Leser, warum er sich mit der ohnehin schwächlichen Kultur Zwei überhaupt belasten mag. Die Antwort bildet das leicht gequälte Eingeständnis, dass sich Kultur Eins mit ihrer Orientierung an Universalien „nur begrenzt praxisfähig" sei und „die konkreten historischen Singularitäten, auf die man ‚im Leben' trifft" vernachlässige (Markus und Kitayama 1991). Unter straffer kategorialer Führung von Kultur Eins darf sich Kultur Zwei auf eine einzelfall- und praxisbezogene Deduktion einlassen. Genau damit wäre die Substanz einer sozial- und kulturwissenschaftlichen Psychologie verloren und die in den vergangenen Jahren differenziert vorgetragenen Forderungen nach einer neuen Beziehung von Wissenschaft und Praxis, die von wechselseitiger Anerkennung bestimmt ist (vgl. Schneider 1990; Dokecki 1992; Hoshmand 1994; Hoshmand und Polkinghorne 1992), wären ignoriert.

Ehe die Kultur Eins nicht bereit ist, ihre eigenen geistigen Grundlagen kritisch zu reflektieren und die historische Produziertheit ihres Fundamentalismus erkennt, wird sie auf ihren Dominanzgestus nicht verzichten können. Sie erweist sich zunehmend als ein „Kind der Moderne", die ihren Aufklärungsanspruch in einem Prozess der Selbstdogmatisierung zunehmend verspielt. Die ernstzunehmende postmoderne Kritik an dieser „halbierten Moderne" versucht das kritisch-reflexive Potential der Aufklärung wieder freizulegen und sie beginnt sich auch in der Psychologie ein wichtiges Aufgabenfeld zu erschließen (vgl. Kvale 1992).

Die Psychologie ist ja historisch ein Kind der Philosophie und an vielen Universitäten waren die zentralen Lehrstühle auch mit der Doppelaufgabe, Psychologie und Philosophie zu lehren, denominiert. Bei der Gründerfigur der modernen Psychologie, Wilhelm Wundt, war das ganz selbstverständlich und er hat in beiden Disziplinen unübersehbare Spuren hinterlassen. Man kann sich fragen, ob es der zeitgenössischen Psychologie nicht eine problematische Horizontverengung beschert hat, dass diese Verknüpfung kaum mehr existiert. Eine reflexive Sozialpsychologie ab braucht diese Anknüpfung an die Philosophie und ihr Fragen, was denn der Mensch sei.

Ist der Mensch ein soziales Wesen? Zur Vorgeschichte der Sozialpsychologie

2

Der Mensch als gesellschaftliches Wesen ist noch nicht enträtselt bzw. wird immer wieder neu zum Rätsel: Wie finden sich eigentlich das einzelne Subjekt und die jeweilige Form von Gemeinschaft/Gesellschaft? Wie gelangen sie zu einer Synchronisation? Wie ist eine soziale Ordnung denkbar, die sich so in den Individuen verankert, dass diese in ihrer Mehrheit wissen, was von ihnen erwartet wird? Wie kommen die Subjekte mit der „ärgerlichen Tatsache" (Dahrendorf 1965) Gesellschaft klar, die von ihnen Einordnung, Unterwerfung oder Anpassung verlangt?

In der Geschichte von Philosophie und den Sozialwissenschaften haben solche Fragen höchst unterschiedliche Antworten erfahren. Da gibt es die philosophischen Sozialontologien, die Mensch und Kultur aufeinander angelegt sehen. Da gibt es die Positionen, die das Subjekt als instinktunsicher und orientierungslos sehen, das einen möglichst stabilen gesellschaftlich-staatlichen Rahmen braucht, um überhaupt handlungsfähig zu sein. Auf der anderen Seite werden Auffassungen, die auch bei Menschen eine soziobiologische Determination behaupten und insofern die Mensch-Gesellschafts-Beziehung als biologisch determiniert behandeln. Gerade gegenüber dieser biologischen Menschennatur sehen wiederum andere prinzipielles Misstrauen als gerechtfertigt, es sei seine triebhafte Wolfsnatur, die den Menschen gefährlich und unberechenbar mache. Sie müsste von einer wachsamen Gesellschaft unter ständiger Kontrolle gehalten werden. Gerade solche rigiden gesellschaftlichen Kontrollen sind für andere Autoren die zentralen Gefährdungslagen des auf Freiheit angelegten Menschen. Erich Fromm oder Alexander Mitscherlich, die psychoanalytischen Humanisten, knüpfen an die biologische Offenheit des Menschen ihre emanzipatorischen Hoffnungen: Die freiheitliche Selbstgestaltung habe hier ihre fundamentale Basis. Allerdings erfordere die positive Nutzung dieses Potentials kritische Ich-Kräfte, die unter autoritären Bedingungen des Aufwachsens nicht entstehen können. Die Folge davon sind Fluchtmechanismen in

© Springer Fachmedien Wiesbaden 2016

H. Keupp, *Reflexive Sozialpsychologie,* essentials,
DOI 10.1007/978-3-658-12932-3_2

geschlossene Systeme und Lösungen (z. B. Sekten, Fundamentalismen, autoritäre Strukturen).

Phasen gesellschaftlicher Stabilität und eines geringen Niveaus repressiver Zwange fördern Vorstellungen einer harmonischen Integration von Individuum und Gesellschaft, als seien sie füreinander geschaffen. Staatssozialistische Systeme hatten die Neigung, sich selbst als die adäquate Antwort auf die emanzipatorischen Grundbedürfnisse der Menschen zu deklarieren (Agnes Heller hat das die „Diktatur über die Bedürfnisse" genannt). In Phasen eines sich vorbereitenden gesellschaftlichen Umbruchs werden vermehrt Ideen einer möglicherweise prinzipiellen Unvereinbarkeit von subjektiven Wünschen und gesellschaftlichen Imperativen formuliert.

2.1 Wann das Interesse am Verhältnis von Individuum und Gesellschaft wächst

2.1.1 Wenn Selbstverständlichkeiten verloren gehen

Den „Menschen als soziales Wesen" zum Thema zu machen, hat nicht immer einen umwerfenden Originalitätswert. Da werden vielleicht die Schubladen „Glaubensfragen" oder „Ontologie" (die hat es doch mit den „Wesenheiten" zu tun) aufgemacht, nicht gerade mit erkennbaren Zeichen von Interesse oder gar Begeisterung. Für souveräne Bildungsbürger genügt im Zweifelsfall dann schon ein Hinweis auf Platon und Aristoteles und damit ist die Ehrwürdigkeit, aber auch das Desinteresse am Thema angezeigt. Natürlich ist der Mensch ein soziales Wesen und gelegentlich wird dann noch auf die Sozialpsychologie verwiesen, die ja nichts anderes täte, als sich diesem Thema zu widmen.

Der Sozialpsychologe, dem dann im Zweifelsfall der schwarze Peter zugeschoben wird, reibt sich die Augen: Ist das wirklich unser Thema? Wir beschäftigen uns mit Themen wie Einstellungen, Vorurteile, soziale Wahrnehmung, Gruppenprozesse, soziale Vergleichsprozesse oder Identität. Dazu ist Wissen im Detail vorhanden. Aber die große Frage nach dem „Menschen als sozialem Wesen" sollte man vielleicht doch eher an die Soziologie oder noch besser an die Sozialphilosophie richten.

Wenn die alltäglichen Lebensprozesse mit erwarteter und bestätigter Selbstverständlichkeit ablaufen und gesellschaftliche Regelungen problemlos mit den Bedürfnisstrukturen und Handlungsgewohnheiten der Individuen zusammenstimmen, dann gehört die Frage nach dem „Menschen als sozialem Wesen" in die Sparte esoterischer Gelehrigkeit, auf die man im Zweifelsfalle auch verzichten kann.

Es gibt solche Phasen, in denen das Denken der Zeit und die Subjektstrukturen so gut synchronisiert sind, dass sich der Eindruck mühelos einstellt, Begriff und Gegenstand hätten sich ein für alle Mal gefunden. Auf dieser Grundlage entstehen bevorzugt Konzepte, die psychosoziale Phänomene so konstruieren als seien sie „von Natur aus" letztgültig festgelegt.

Gegenwärtig befinden wir uns in einer soziokulturellen Umbruchphase, in der wir von einer solchen Synchronisation weit entfernt sind. Unsere gesellschaftlichen Lebensformen verlieren die strukturelle Gefügtheit, die Traditionen und das berechenbare Maß, auf das hin Subjekte ihren Lebensentwurf, ihre Biographie und Identität ausrichten konnten.

Genau in einer solchen gesellschaftlichen Periode entstehen fundamentale Fragen nach den vermittelnden Prozessen zwischen Kultur, Gesellschaft und Subjekt. In realen gesellschaftlichen Erosionsprozessen wird der Zerfall einer zivilen Gesellschaft gesehen. Die Frage nach dem „Wir" drängt sich in den Vordergrund: Wer sind „wir" denn in einer weltpolitischen Landschaft, in der jahrzehntelang gültige und funktionierende Ausgrenzungen, Abgrenzungen und Mauern die Suche nach der kollektiven Identität zu erledigen schienen? Bei der Suche nach dem „Wir" wird immer zweifelhafter, ob dieses „Wir" in einer Gesellschaft überhaupt noch eine Basis hat, die ganz auf das „Ich" gesetzt hat. Die Gefahr der „Ego-Gesellschaft" ist dem SPIEGEL (22/1994) eine Titelgeschichte wert: Immer mehr Menschen würden sich sozialen Bezügen und Verbindlichkeiten entziehen und als einzige Richtschnur ihres Handelns ihre persönlichen Interessen setzen. Politiker sehen die „sozialen Bindekräfte" oder den „gesellschaftlichen Kitt" als gefährdet an, der ein Gemeinwesen zusammenhalten konnte. Die aus der „Mitte der Gesellschaft" kommenden Phänomene wie Fremdenfeindlichkeit und auf Fremde gerichtete Gewalt werden als Belege für den Zerfall gemeinschaftsverbürgender Werte und Tugenden genommen.

All' diese Phänomene und die darauf gerichteten Suchbewegungen für Lösungen, neue Fundamente oder die Wiederbelebung von alten sprechen dafür, dass die Synchronisationen zwischen Subjekt und gesellschaftlichem Rahmen gegenwärtig ihren Status der naturhaften Selbstverständlichkeit verloren hat und sie werfen die Frage auf, wie die Bedingungen der Möglichkeit solcher Synchronisationen überhaupt beschaffen sind. Auf diesem Hintergrund bekommt die Frage nach dem „Menschen als sozialem Wesen" eine neue Aktualität. Sie verlässt den exterritorialen Ort esoterischer Gelehrsamkeit und befindet sich auf spezifische Weise im Zentrum gesellschaftlicher und politischer Diskurse.

2.1.2 „Kühle" und „heiße Perioden" in der Geschichte

Es gibt Konjunkturen dafür, über das Verhältnis der Menschen zu ihrem kulturellen und sozialem Umwelt nachzudenken. Es gibt immer dann gute Grunde für diese Art von Reflexion, wenn Menschen sich in den raum-zeitlichen Bezügen, innerhalb derer sie ihren Alltag leben und zu bewältigen haben und innerhalb derer sie ihre Identitäten entwerfen und zu realisieren müssen, nicht mehr sicher sind. Es gibt historische Perioden, in denen sich Menschen nicht mehr sicher sind, ob die „Geschäftsgrundlagen" ihrer alltäglichen Lebensführung noch Gültigkeit besitzen oder ob sie sich schon geändert haben. Diese Art von Verunsicherung scheint notwendig, um für das Thema „Der Mensch als soziales Wesen" Interesse über den Kreis von Fachleuten hinaus zu wecken, die sich mit einem solchen Thema professionell zu beschäftigen haben. Vielleicht sind wir sogar auf eine zentrale Quelle für sozialwissenschaftliche Neugier gestoßen: Immer dann, wenn in der alltäglichen Lebenswelt bislang selbstverständlich eingeregelte Abläufe, Wahrnehmungen, Phänomene ihren Status des Selbstverständlichen verlieren, fallen sie uns auf, fragen wir uns, warum sie so funktionierten, wie sie bislang funktioniert haben und warum das nicht mehr so abläuft. Sie verlieren dann das Signum des „Normalen", das nicht „hinterfragt" zu werden braucht, des „Natürlichen", das halt so ist, wie es ist. Es entstehen Irritationen, diese initiieren Verleugnungen und Normalisierungsversuche, aber die Unterstellungen der „Normalität" und „Natürlichkeit" der Dinge ist schon nicht mehr zu retten, unser Verhältnis zu ihnen ist „reflexiv" geworden.

In einem solchen Zustand der „Reflexivität" befinden wir uns gegenwärtig und es dürfte kaum gelingen, Bereiche des alltäglichen Lebens zu nennen, die davon nicht betroffen wären. Das Gefühl, Teil einer „heißen Gesellschaft" zu sein, in der nichts einfach so ist, wie es ist, wird zu einem universellen Lebensgefühl. In der Ethnologie von Levi-Strauss (1968) gibt es die Unterscheidung zwischen „kalten" und „heißen Kulturen". „Kalte Kulturen" versuchen von der Geschichte unberührt zu bleiben. Sie funktionieren wie Uhren, die verlässlich den Ablauf des immer gleichen Prozesses anzuzeigen. Statt der Idee, dass sich die Kultur an einem Modell des Fortschreitens messen lasse, wird die eigene Kultur als zyklischer Prozess der Wiederholung begriffen. „Kalte Gesellschaften" haben keine Idee einer sich weiterentwickelnden Geschichte. Wandlungsprozesse werden „eingefroren". Die Rädchen des Uhrwerkes greifen reibungslos ineinander und garantieren im Bewusstsein der Mitglieder solcher Kulturen die Reproduktion des Immergleichen. „Heiße Kulturen" fügen sich am ehesten der Metapher der Dampfmaschine, die nach thermodynamischen Prinzipien betrieben wird. Sie bezieht ihre Antriebs- und Beschleunigungsenergien aus dem „Energiegefälle". „Heiße Gesellschaften" zeichnen sich durch ihre „gieriges Bedürfnis nach Veränderung" aus (Levi-Strauss

1968, S. 272), sie fordern Spannungen und Widersprüche, sie treiben Spannungen auf die Spitze, weil aus ihnen die Veränderungsenergien gewonnen werden können. „Heiße Kulturen" haben eine hohe Wertbesetzung für alles, was die Spannungen, die Differenzen, das Besondere und das Fortschreiten betont. Ihre Repräsentanten haben für „kalte Kulturen" und deren Wertschätzung des Beständigen, Immergleichen und Allgemeinen in der Regel nur Verachtung übrig, sie gelten als „primitiv" und „unterentwickelt". Weniger negativ bewertend klingt die Formulierung von den „Naturvölkern".

Vermutlich ist es sinnvoll, auch „kühlere" und „heißere Perioden" innerhalb einer Kultur zu unterscheiden. In den „kühleren Perioden" haben die Menschen das Gefühl, in einem raum-zeitlichen Gefüge von großer Vorhersehbarkeit, Berechenbarkeit und Sicherheit zu leben. Das System von Regeln und Rollen und die daran geknüpfte Erwartungen garantieren einen ruhig dahinfließenden Alltag, der in seinem Gleichmaß und seiner Kalkulierbarkeit das Gefühl entstehen lässt, „so war es und so wird es immer sein". Die gesellschaftlichen „Kühlsysteme" funktionieren gut genug, um Veränderungsprozesse nicht als Brüche und Krisen in Erscheinung treten zu lassen. In so beschaffenen gesellschaftlichen Perioden scheint der „reflexive Zwang" stillgestellt zu sein. Das soziokulturelle Uhrwerk läuft verlässlich ab, die Verhaltensmuster greifen selbstverständlich ineinander, wirken vollsynchronisiert und bei den meisten Menschen entsteht das Gefühl, dass es genauso „von der Natur" so eingerichtet worden ist. In solchen „kühleren Perioden" erzeugen auch die Geistes-, Kultur- und Sozialwissenschaftler eher wissenschaftliche Konstruktionen vom Verhältnis Mensch – Kultur, die ihre naturhafte Synchronisation betonen. Die „Natur des Menschen" und das, „was die Welt im Innersten zusammenhält", fügen sich als Gedankenkonstrukte gut ineinander.

Diese „ideologischen Kühlsysteme" werden jedoch dann besonders aktiviert, wenn eine „heißere" Entwicklungsetappe beginnt und den „reflexiven Zwang" freisetzt. Er wird immer dann beherrschend, wenn die Grundlagen des Alltagslebens „ins Rutschen" geraten, bestimmte Erwartungen aneinander vorbei laufen und der Regelungskanon für den Alltag nicht mehr unbefragt vorausgesetzt werden kann. Dann werden Gedankengebäude angeboten, die uns erklären, wie es „eigentlich" sein müsste; welche Sündenfalles dafür verantwortlich sind, dass wir den Kompass verloren hätten und die uns in der einen oder anderen Form die „Rückkehr zur Natur" versprechen, zu den Fundamenten, die nicht ungestraft verlassen werden dürfen.

In solchen „heißen Perioden" wächst das Interesse an Fragen, die in „kühleren Perioden" wenig Resonanz finden. Gerade die Bedingungen menschlichen Zusammenlebens werden zum Thema: Wie ist soziale Ordnung möglich? Dem aufmerksamen Blick fallen jetzt eher Chaos, Zufälligkeiten, unverbundenes Neben- und

Gegeneinander auf. Jetzt werden zentrale sozialwissenschaftliche Sätze wie die folgenden nachvollziehbar:

> Stabilität ist erklärungsbedürftig, nicht Veränderung.
> Ordnung und vorgefundene Bedeutung sind erklärungsbedürftig, nicht Unordnung und Unverständlichkeit."
> Einheitlichkeit ist erklärungsbedürftig, nicht Verschiedenheit.
> Selbstverständliches ist zunächst erklärungsbedürftig, dann erst überraschendes (Falk und Steinert 1973, S. 21).

Wenn Selbstverständlichkeiten ihre Gültigkeit verlieren, wächst das Interesse daran, wie sie eigentlich möglich waren. Wenn Biographien zerfasern, dann wächst die Frage nach den Bedingungen der zuvor desinteressiert hingenommenen „Normalbiographien". Ordnung und Stabilität werden unhinterfragt als gegeben unterstellt, solange sie Bestand haben. Wenn sie nicht mehr gegeben sind, dann beginnt man sich darüber Gedanken zu machen, was sie erzeugt hat. Der „Mensch als soziales Wesen" wird wieder zu einem brisanten und spannenden Thema und die in der Geschichte der Sozialwissenschaften gegebenen Antworten gewinnen wieder an Interesse.

2.2 Zu den ideengeschichtlichen Vorläufern der Sozialpsychologie

2.2.1 Die Erste Kontroverse über das Verhältnis Individuum – Gesellschaft: Platon vs. Aristoteles

Wie menschliches Zusammenleben möglich ist, hat schon die beiden philosophischen Antipoden im klassischen Griechenland, Platon und Aristoteles, beschäftigt. Das Nachdenken über die Bedingungen eines geordneten Sozialwesens dieser beiden Philosophen fällt in eine „heiße Periode", eine Zeit großer sozialer Veränderungen. Platons Gedanken stehen unter dem Eindruck der schweren Niederlage Athens im Peloponnesischen Krieg. Aristoteles erlebt das erzwungene Aufgehen der griechischen Stadt-Staaten im Reich der Makedonier.

Die „platonische" und die „aristotelische" Sichtweise der Zuordnung von Individuum und Gesellschaft, die später als Gegensatzpaar von „soziozentriertem" und „individuozentriertem Ansatz" bezeichnet werden, durchziehen die lange Vorgeschichte der Sozialpsychologie und ihre kurze Fachgeschichte. Der „platonische" oder „soziozentrierte Ansatz" geht von der Prämisse aus, dass der einzelne Mensch nur dann zu einem sozialen Wesen werden kann, wenn er von gesellschaftlichen

Prägeinstanzen dazu erzogen wird. Für den „aristotelischen“ oder „individuozentrierten Ansatz“ ist das Individuum von Natur aus auf Gesellschaft hin angelegt. Er bringt die Befähigung zum Zusammenleben von Natur aus mit, kann Beziehungen zu anderen Menschen eingehen und auf dieser Voraussetzung aufbauend, können sich soziale Mikro- und Makrogebilde (von der Familie, über Sippen, Stimme bis zum Staat) entwickeln.

Also: Die kurze Fachgeschichte der Sozialpsychologie (wie der Psychologie insgesamt) ruht auf einer langen Vorgeschichte, die vor allem in die Domäne der Philosophie fällt. Das Nachdenken über das Verhältnis von Individuum und Gesellschaft begleitet die Menschheitsgeschichte und die jeweils entwickelten Konstrukte haben immer nur für bestimmte historische Epochen den Charakter von herrschenden Sichtweisen erlangt. Speziell dann, wenn historische Erschütterungen oder tiefgreifende gesellschaftliche Wandlungsprozesse bestehende Ordnungen und die sie stützenden Welt- und Menschenbilder aushebelten, sind die Diskussionen über die Bedingungen menschlichen Zusammenlebens aufgeflammt.

2.3 Das Christentum fördert den Individualismus

Mit dem Aufstieg des Christentum haben sich die Fragen nach einer lebbaren sozialen Ordnung, mit denen sich bereits Platon und Aristoteles beschäftigt hatten, deutlich zugespitzt, denn es hat den Menschen in den Mittelpunkt gerückt und hat so entscheidend zu einem individuozentrierten Welt- und Menschenbild beigetragen: „Für die griechischen Philosophen war der Mensch im Großen und Ganzen ein Wesen unter anderen im Kosmos; zwar durchaus ein hochstehendes Wesen, aber trotzdem ohne ausgesprochene Sonderstellung. Es gibt Steine und Erde, Pflanzen und Tiere, Menschen und Gatter – alles innerhalb desselben abgegrenzten Universums. Im Christentum verhält es sich anders: Gott ist eine Person, die jenseits dieser Welt existiert, und die Welt – mit Steinen, Pflanzen, Tieren und Menschen – ist von Gott geschaffen, damit der Mensch erlöst werden kann. Das Universum ist sekundär im Verhältnis zum Menschen und zu Gott. Die gesamte Schöpfung dreht sich um die Erlösungswanderung des Menschen auf der Erde. (…) Der Mensch ist unendlich viel wertvoller als jedes andere Geschöpf“ (Skirbekk und Gilje 1993, S. 193 f.). Die „Erlösungswanderung“ enthält die Annahme, dass sich Menschen im „Sündenfall“ dem Schöpfungsplan nicht würdig erwiesen haben und die „Erlösung“ kann nur in Gestalt einer zweiten Chance erfolgen, deren Nutzung von einem Kampf zwischen dem „Bösen“ und dem „Guten“ abhängt. Der im Zentrum der neuen Kosmologie stehende einzelne muss sich von der Erblast des Sündenfalls befreien, aber das wird ihm nicht alleine zugetraut, sondern er bedarf der regulierenden Autorität gesellschaftlicher Institutionen- in einem durchaus widersprüchlichen Verhältnis von kirchlichen und staatlichen Instanzen. Für Augustinus (354–430) ist ein starker Staat wegen der korrupten Natur des Menschen notwendig, er muss dem schwachen, sündigen Menschen bei der Beherrschung des Bösen mit „harter Hand" helfen. Das zentrale Konfliktgeschehen ist ein Kampf zwischen Gott und dem Teufel, der im Inneren des einzelnen ausgetragen wird, der aber in der „äußeren Welt starke Unterstützung braucht, die die Chancen für ein moralisches Leben mit dem Ziel der Erlösung schaffen".

Die volle Entfaltung des individualisierenden Potentials des Christentums hat sich dann erst in der protestantischen Reformation vollzogen, die sich an der Epochenschwelle zur Moderne vollzog. Das Individuum tritt voll in die Geschichte ein und definiert sich zunehmend als selbstbewusster Produzent und Herrscher gesellschaftlicher Ordnung. Die ob formulierten Fragen nach dem Verhältnis von Individuum und Gesellschaft treten mit der Herausformung der Moderne voll ins Zentrum der Aufmerksamkeit.

2.4 Das aus der göttlichen Schöpfungsordnung des Mittelalters heraustretende Subjekt: Die Geburt des modernen Menschen

Das Ende des Mittelalters und die mit der Renaissance anbrechende Neuzeit sind durch einen paradigmatischen Wendepunkt bezeichnet: Der Mensch wird als Subjekt zum Angelpunkt. In der sich etablierenden Moderne oder – in einer anderen Tradition benannt – in der entstehenden „bürgerlichen Gesellschaft erhält die Thematisierung von Subjektivität eine dauerhaft privilegierte Stellung. Im Prozess der Auflösung hierarchisch-ständisch festgelegter Liebestätigkeit und traditions- und autoritätsverbürgter Normen und Werte mussten scheinbar atomisierte Individuen ihre Stellung zur und in der Welt neu überdenken" (Staeuble 1984, S. 11). Das Individuum erkennt sich als handelndes und begreifendes Zentrum der Welt, das nicht mehr bereit ist, sich von einer „äußeren Instanz definitiv sagen zu lassen", „was die Welt im Innersten zusammenhält". Letzte Instanz von Wahrheit werden jetzt Zweifel und Gewissheit des Individuums. Nur die Erkenntnisse, die die eigene Vernunft verifizieren kann, können Sicherheit und Orientierung in der Welt garantieren. Alle Lebensmaximen, die sich auf traditionelle Autoritäten und Gewohnheiten berufen, werden prinzipiell angezweifelt. Die gemeinschaftliche Übereinkunft, die der vernunftgesteuerten Nachprüfung durch den einzelnen nicht standhält, verliert jede Legitimation.

„Der Mensch ist, ideell gesehen, kein Gesellschaftswesen mehr, kein zoon politikon, das in Harmonie mit seinem Haushalt, dem oikos, lebt, eingebettet in eine vernünftige Gemeinschaft, in polis und logos. Der Mensch ist ein Subjekt, das sich mit technischem Wissen zum Beherrscher eines Universums von Objekten aufschwingt" (Skirbekk und Gilje 1993, S. 274).

Diese aus einem naturhaft gedachten Kosmos heraustretenden Individuen sind nicht mehr selbstverständlich miteinander verbunden, nicht mehr Teil einer Ordnung, die jedem einzelnen seinen Platz zuwies und damit zugleich die Relation der Individuen zueinander bestimmte. Der sich jetzt individuierende einzelne muss die Beziehungen zu den anderen Individuen regeln. Kein göttlicher Heilsplan kann mehr das geordnete Zusammenleben garantieren, es muss in vertraglicher Form ausgehandelt und vereinbart werden. Es kommt die „Vertragstheorie" auf, erstmals wohl von Johannes Althusius (1557–1638) formuliert: „Die Vertragsidee wird sowohl zur Erklärung sozialer Gruppen wie zur Erklärung des Verhältnisses zwischen Herrscher und Untertan verwendet. Den verschiedenen Gruppen – Familie, Stand, Gemeinde, Provinz, Staat – fallen verschiedene Aufgaben zu, und diese Gruppen werden mittels verschiedener Verträge konstituiert" (Skirbekk und Gilje 1993, S. 283 f.).

Im Verhältnis zur bis dahin gültigen sozialen Ordnung stellen solche neuen Grundüberzeugungen ein revolutionäres Potential dar. Das sich in ihnen neu konstitutierende bürgerliche Subjekt bricht prinzipiell mit den bisherigen Autoritäten (vor allem Kirche und Feudalherrschaft) und sucht sich seine neue Ordnung. In diesem Umwälzungsprozess ist auch der Ursprung der neuzeitlichen Psychologie zu sehen. Sie speist sich aus dem Bedürfnis der Berger, „sich selbst zu finden", sich nicht heteronom, also fremdbestimmt zu definieren, sondern autonom zu finden. Nicht mehr die kategoriale Zugehörigkeit zu einem spezifischen Kollektiv, Stand oder „Wir" sollte dem Individuum die Antwort vorgeben dürfen, wer es denn sei. „Individuen sind freizusetzen von all den Bezügen und Abhängigkeiten, die sie früher bestimmt haben. Individuen, die sich als sich selbstbestimmende, autonome Souveräne, für sich selbst verantwortliche Verfasser ihrer eigenen Lebenswerke verstanden, wurden die zentralen Akteure auf der sozialen Bühne" (Sampson 1989, S. 915). Die „Freisetzung" aus den feudalen Formen des Fremdbesitzes ist Voraussetzung für die neue Besitzordnung: „Es (das Subjekt, H.K.) ist wesenhaft der Eigentümer seiner eigenen Person oder seiner eigenen Fähigkeiten, für die es nichts der Gesellschaft schuldet. Das Individuum wurde weder als ein sittliches Ganzes noch als ein Teil einer größeren gesellschaftlichen Ganzheit aufgefasst, sondern als Eigentümer seiner selbst. Die Beziehung zum Besitzen, die für immer mehr Menschen die fundamental wichtige Beziehung geworden war, welche ihre konkrete Freiheit und ihre konkrete Chance, all ihre Möglichkeiten zu entfalten, bestimmte, wurde in die Natur des Individuums zurückinterpretiert" (Macpherson 1967, S. 15). Den sich herausbildenden egozentrierten Individualismus der bürgerlichen Subjekte charakterisiert der englische Sozialphilosoph MacIntyre (1988, S. 210) so: Sie besitzen „ihre Identität und ihre wesentlichen humanen Eigenschaften getrennt von und vor ihrer Mitgliedschaft in irgendeiner besonderen sozialen und politischen Ordnung". Die Herausbildung der modernen Psychologie ist ohne die Basis eines solchen Menschenbildes gar nicht vorstellbar.

2.5 Das „freie Subjekt" und die Macht

Aber die Entstehung der modernen bürgerlichen Lebensform ist keine ungebrochene Freisetzung individueller Subjektivität. Sie entwickelt sich einerseits in einem Prozess der Befreiung aus den mittelalterlichen heteronomen Zwecksetzungen und andererseits vollzieht sie sich in einem sozialen Raum, der von Macht- und Herrschaftsinteressen bestimmt ist und in dem sich eine alles andere als friedliche Auseinandersetzung um eine neue soziale Ordnung abspielte. Und genau in diesem Kontext hat die Selbstreflexion spezifische Konturen erhalten, die die entstehende Psychologie in nachhaltiger Weise formatiert haben. Das lässt sich vor an der philosophischen Entwicklung am Beginn der Neuzeit aufzeigen.

Im Jahre 1580 schreibt ein Mann folgende Sätze auf: „Ich habe von mir selbst nichts Ganzes, Einheitliches und Festes, ohne Verworrenheit und in einem Gusse auszusagen. (…) Wir sind alle aus lauter Flicken und Fetzen und so kunterbunt unförmlich zusammengestückt, dass jeder Lappen jeden Augenblick sein eigenes Spiel treibt. Und es findet sich ebenso viel Verschiedenheit zwischen uns und uns selber wie zwischen uns und anderen" (de Montaigne 1953, S. 324).

Michel de Montaigne (1533–1592) kommt uns heutigen in seinen „Essais" so nahe und vertraut vor. Er steht ebenso wie Descartes (1596–1650), sein bekannter gewordener philosophischer Nachfolger, an der Epochenschwelle zur Moderne. Er schreibt erfahrungsbezogen; von seinen Freuden und Leiden; der sinnlich-vitale Lebensbereich ist nicht ausgegrenzt, sondern eine wichtige Quelle der Inspiration und Erkenntnis. Er formuliert kein abstraktes philosophisches Gebäude. Es lässt seine Leserinnen und Leser teilnehmen an dem Heraustasten aus einem mittelalterlichen Lebensgehäuse, an dem positiven Nutzen von Verunsicherungen, an der Suche nach Selbstgewissheit und selbstdefinierter Identität.

Warum hat sich die Philosophie – und in ihrem Fahrwasser auch die Psychologie – in der Weltsicht Descartes' paradigmatisch eingerichtet und warum hatte das Programm von Montaigne und anderer Denker der Renaissance mit ihrem Blick für den Alltag und ihrem Interesse am Menschen in seiner sinnlich-vitalen Bedürftigkeit und Widersprüchlichkeit gegen das Programm der „cartesianischen Rationalität" keine Chance? Beide Programme führen aus dem Mittelalter heraus und enthalten die Konturen einer „modernen Gesellschaft". Die cartesianische Wende folgt erst über ein Jahrhundert auf die Renaissance mit Aufklärern wie Erasmus, Mirandola, Shakespeare, Macchiavelli und eben Montaigne. Wodurch unterscheiden sich diese „beiden Bahnen der Moderne" und warum hat für mehr als drei Jahrhunderte Descartes gegenüber dem Alternativprogramm der Humanisten unstrittig „das Rennen gemacht"?

Toulmin (1991) empfiehlt eine Gegenüberstellung von Michel de Montaigne und René Descartes, um sich die Dramatik der Richtungsänderung bewusst zu machen, die sich im 17. Jahrhundert vollzog. Montaigne betont das Besondere, Zeit- und Lokalgebundene, das Narrative und Sinnliche, Descartes dagegen setzt auf das Verallgemeinerbare, Logische, das Intellektuelle im Unterschied zum Sensuellen: „Das Dauernde war gefragt, das Vorübergehende galt nichts" (Toulmin 1991, S. 66).

Individualisten waren beide großen französischen Philosophen. „Doch", so Toulmin, „ihr Individualismus führte die beiden in verschiedene Richtungen. Bei Descartes deutet sich schon ein ‚Solipsismus' an – die Auffassung, jeder einzelne sei als psychologisches Subjekt (gewissermaßen) in seinem Kopfe gefangen, und der Bereich seines Nachdenkens sei auf die Sinneseindrücke und anderen Daten beschränkt, die sein Bewusstsein erreichen und ihn zu dem Individuum machen, das er ist. Fünfzig Jahre früher schrieb Montaigne auch als Individuum, ging aber immer davon aus, dass seine persönliche Erfahrung typisch für die menschliche Erfahrung im Allgemeinen sei, wenn es nicht im Einzelfall einen besonderen Gegengrund gab. (…) Um 1580 kam es Michel de Montaigne nicht in den Sinn, er sei >in sein Gehirn eingesperrt<. Die Vielheit der Menschen in der Welt mit ihren je eigenen Standpunkten und Lebensgeschichten war nichts Bedrohliches" (S. 77 f.).

Für Toulmin ist die zentrale Frage, warum die „skeptische Anerkennung der Vieldeutigkeit und die Bereitschaft, mit der Ungewissheit zu leben", die als „lebendige und geachtete Haltungen" bei den Humanisten prägend waren, innerhalb eines Menschenalters ihre Anerkennung verloren. Und warum diese ursprüngliche Haltung, die den endgültigen Bruch mit dem Mittelalter anzeigte, keine Chance hatte, der Moderne ihr Gepräge zu geben. Es kam zu einem allgemeinen Umschwung im „Meinungsklima" mit weitreichenden Konsequenzen für wissenschaftliches Denken: „… es war das Meinungsklima, das die Leser in den Jahren 1580 und 1590 skeptisch tolerant gegenüber Ungewissheit, Vieldeutigkeit und Meinungsvielfalt machte, aber dann so weit umschlug, dass nach 1640 oder 1650 eine skeptische Toleranz nicht mehr als respektabel galt" (S. 81).

Für einen Wissenschaftstheoretiker ist die Antwort Stephen Toulmins bemerkenswert: Das „moderne Weltbild" ist die philosophische Verarbeitung von „dreißig Jahren des Gemetzels im Namen der Religion" (S. 256). „Das >Streben nach Gewissheit < bei den Philosophen des 17. Jahrhunderts war kein bloßes Programm zur Konstruktion abstrakter und zeitloser theoretischer Schemata, die lediglich als Gegenstände reiner, distanzierter geistiger Betrachtung erdacht worden wäre. Es war vielmehr eine zeitgebundene Antwort auf eine bestimmte historische Herausforderung – auf das politische, gesellschaftliche und theologische Chaos, das sich im Dreißigjährigen Krieg niederschlug" (S. 122). Toulmin zeichnet von Descartes nicht das Bild eines Genies, das zeitlose Wahrheiten begründet hat, sondern das „Bild eines jungen Intellektuellen, dessen Überlegungen den Menschen seiner Zeit eine konkrete Hoffnung auftaten, sich durch Denken aus dem politischen und theologischen Chaos zu befreien, und zwar zu einer Zeit, da sonst niemandem etwas Besseres einfiel, als einen scheinbar nicht mehr beendbaren Krieg weiterzuführen" (Toulmin 1991).

Das Programm von Descartes entsprach dem Bedürfnis nach Glaubensgewissheit jenseits der partikularistischen religiösen Interessen, die der Religionskrieg jeder Glaubwürdigkeit beraubt hatte: „Dem Glaubensbedürfnis nach einer Gewissheit jenseits der Religionen oder Ideologien, die durch ihre Legitimation von Kriegen diskreditiert worden sind, entspreche die Dekontextualisierung der Rationalität klassisch-naturwissenschaftlichen Handelns. Kontextbezogene Vernunft oder Weisheit werde so durch eine exklusive Rationalität ersetzt, deren eigene Dekontextualisierung in weltanschaulicher Hinsicht einer Glaubensgewissheit besonderer Art entspreche, dem Glauben in die Gewissheit des Glaubens selbst" (Krüger 1991, S. 27).

„Descartes betrachtete die logische Notwendigkeit der Geometrie als Vorbild der Gewissheit und setzte daher die Rationalität der Wissenschaft mit der Möglichkeit der Bildung eines logischen Systems gleich" (Toulmin, S. 286). Er etablierte damit das rationalistische Baugerüst der Moderne, das die porös gewordenen religiösen Ansprüche universalistisch überwinden sollte und doch so etwas wie ein neues religiöses Fundament schuf. Sein kosmopolitischer Anspruch verdankt sich der „Verbindung theologisch-politischer und wissenschaftlicher Erklärungsmuster im Zeichen der Stabilität" (Krüger 1991, S. 31). Eine „Ergötzung von gesellschaftlicher Stabilität" (Toulmin, S. 218) und intellektueller Sicherheit gingen Hand in Hand. Die Wirkmächtigkeit dieses Erklärungsmusters bis ins 20. Jahrhundert hinein erklärt sich dadurch, dass es auf die große Krise, die zum 30-jährigen Krieg geführt hat und durch ihn dramatisch verschärft wurde, eine allseits gewünschte Antwort geben konnte.

In der Philosophie von Descartes ist das einzelne, das einsam denkende Subjekt der Angelpunkt von Erkenntnis und Wahrheit. Es ist ein Subjekt, das sich auf ein System kognitiver Sicherheiten verlassen kann und sich damit aus dem gesellschaftlichen Chaos einer in Unordnung geratenen sich grundlegenden verändernden Welt herausziehen kann. Der Kognitivismus scheint eines der sichernden Leitseile des bürgerlichen Individuums in einer „heißen Periode" gesellschaftlicher Entwicklung zu sein. Wir begegnen hier dem in sich eingeschlossenen Menschen, der neue Orientierungssysteme nicht in kommunikativen Prozess erwartet. Es ist auch der kognitivistisch reduzierte Mensch, dessen volle Emanzipation in der neu entstehenden gesellschaftlichen Ordnung noch nicht denkbar war.

Aber auch die kognitivistische Selbstbeschränkung des Individuums reichte den Sozialphilosophen noch nicht aus. Das auf die gesellschaftliche Bühne getretene Individuum konnte man sich nur in der strengen Regie, im Zugriff eines starken Staates vorstellen. Das wird vor allem in dem Modell von Thomas Hobbes (1588–1679) deutlich. Dieser starke Staat, Leviathan, steht in diesem Modell nicht im Widerspruch zum vernunftgeleiteten autonomen Subjekt, sondern bildet geradezu seine Konsequenz. Hobbes sieht „in der anarchischen Realität des Bürgerkrieges die Urerfahrung einer ihrer bloßen Natur überlassenen, staatenlos lebenden Menschheit. Im Naturzustand sind die Menschen frei und annähernd gleich. Doch aus gleichem Verlangen und gleicher Starke, folgert Hobbes, erwachsen Konkurrenz, Feindschaft und Unsicherheit. Niemand kann sicher sein, dass der andere ihn nicht betrügen, bekämpfen, vernichten wird. Aus demselben Wunsch aller, glücklich zu sein, entsteht so der unglückliche Zustand des Bürgerkriegs. Leben im Bürgerkrieg ist ein Leben in und auswechselseitiger Furcht. (…). Hobbes' Kunstfigur des allmächtigen Leviathan ist ein Produkt der Einsicht. Jedermensch vermag seinen Zweck zu begreifen. Insofern ist jeder kraft Vernunft an der Konstituierung des starken Staates beteiligt. Wechselseitig kommt jeder mit jedem vertraglich überein, einen absoluten Souverän für vernünftig zu halten. Freiwillig übertragen alle an den großen Leviathan ihre natürlichen Rechte. (…) Deshalb ist die Kopfgeburt der Zentralgewalt des Absolutismus zugleich die Geburtsstunde der modernen Vernunft und des autonomen Subjekts" (Rauschenbach 1994, S. 48). Hobbes verzichtet auf Anleihen aus irgendeiner traditionellen Kosmologie, um soziale Phänomene wie Solidarität oder gemeinsames Handeln zu erklären. Er setzt radikal am Individuum und dessen Selbsterhaltungsbedürfnis an: „Alles, was wir unmittelbar erfahren, beispielsweise positive und konkrete Verbindungen zwischen Menschen wie Liebe, Zusammengehörigkeitsgefühl, Verbundenheit mit Heimat und Gesellschaft, müsse innerhalb dieses Erklärungsmodells als grundlegender individueller Drang nach Selbsterhaltung begriffen werden. Die Gesellschaft wird, ausgehend von grundlegenden Elementen und Triebkräften, rekonstruierend erklärt" (Skirbekk und Gilje 1993, S. 298).

Die Psychologie betritt die wissenschaftliche Weltbühne 3

3.1 Die Psychologie als Wissenschaft des sich selbst genügenden Individuums

Die Bühnen der Neuzeit werden also durch die Inszenierungen des seiner selbst bewussten Individuums beherrscht und die entstehende Psychologie steht im Bann dieses Individuums. Dies kann natürlich nicht verwundern, denn sie ist ja die Wissenschaft vom Individuum. Aber sie wird diese Wissenschaft in einem spezifischen Sinne und lässt mögliche Alternativen ungenutzt. Der von Michel de Montaigne begonnene Weg ist zwar immer wieder aufgenommen worden, hat sich aber nie zur Dominanten des disziplinaren Selbstverständnisses der Psychologie entwickeln können. Am Ende des 18. Jahrhunderts hatte etwa Carl Philipp Moritz (1756–1793) mit seinem autobiographisch-psychologischen Roman „Anton Reiser" und mit seinem Journal „Magazin zur Erfahrungsseelenkunde" die psychischen Problemlagen des sich in einer neuen gesellschaftlichen Ordnung suchenden bürgerlichen Individuums ins Zentrum gerückt: Diese Werke stellen Sammlungen authentischer Lebens- und Erfahrungsberichte sozialer Außenseiter dar, sie knüpften vor allem an der Lebenssituation jener Mensch, die aus niederen Ständen in die bürgerliche Intelligenz aufsteigen, kein gesichertes Auskommen erwarten können und für die es ein schmerzlicher Prozess war, die sich neu entwickelnde Individualitätsform zu leben. Die Auflösung der festgefügten ständischen Ordnung schuf ungeheure neue Chancen auf eine selbstbestimmte Lebensform für Schichten, für die das in der Vergangenheit undenkbar war, aber das Herausgerissensein aus allen traditionellen Bindungen schuf auch leidvolle Situationen der Desorientierung, der Erfahrung, ein Spielball nicht berechenbarer Zufälligkeiten zu sein und dem Sturz ins Bodenlose, der durch kein soziales Netz aufgefangen wurde. Moritz versucht diese psychischen Grunderfahrungen, „das Leiden an der Gesellschaft mit der Unordnung in der Gesellschaft zu erklären" und diese Einsicht „führt ihn, da eine

© Springer Fachmedien Wiesbaden 2016

H. Keupp, *Reflexive Sozialpsychologie,* essentials,
DOI 10.1007/978-3-658-12932-3_3

gesellschaftliche Alternative in rückwärtsgewandter Perspektive nicht mehr überzeugt, eine Überwindung der gerade erst entstehenden bürgerlichen Gesellschaft noch nicht denkbar ist, zur Konzeption einer Immunisierung des Individuums gegen das Leiden, einer Strategie des Überlebens, bis sich mehr Handlungsmöglichkeiten eröffnen“ (Jaeger und Staeuble 1978, S. 72).

Diese Art von Psychologie, die sich als Medium der Selbsterfahrung und Selbstreflexion in einer Zeitperiode begriff und anbot, in der alte Normalitäten objektiv dekonstruiert waren und die neuen sich noch nicht stabil etablieren konnten, hat der Hauptstrom der sich entwickelnden Wissenschaft Psychologie links liegen gelassen (Obermeit 1980). Stattdessen hat sie sich in den Spuren von Descartes etabliert und das lässt sich an mindestens drei Trends sichtbar machen:

1. In Zeiten der Krise haben elementare Unterscheidungen die besten Chancen, Ordnung in eine verwirrende Komplexität hineinzulegen. Binäre Schemata, Dichotomien und polare Gegensatze bieten sich hier in allererster Linie an. Die cartesianische Unterscheidung vom rationalen Geist und der kausalen Materie, von Geist und Körper, der Welt der rationalen menschlichen Erfahrung von der Welt der mechanischen Naturerscheinungen erfüllte dieses basale Ordnungsbedürfnis in hohem Maße. Diese binäre Differenzierung bildet die Hauptachse der cartesianischen „Meta-Erzählung“, eine „Kosmopolis“ (wie sie Toulmin (1991) nennt), die als umfassende Weltsicht, als ein System zusammenhängender Ideen eben als „geistiges Baugerüst“ einer neu entstehenden Welt fungierte. Diese Weltbild-Annahmen bestimmten nicht nur das wissenschaftliche Denken, sondern sie „(rückten) bald in den Rang des >gesunden Menschenverstandes<auf“ (S. 178). Und in diesem System wird auch ein Subjektmodell erzeugt, das in der Psychologie bis heute nicht überwunden ist. Es lebt von folgender Dichotomie: „Die Vernunft ist geistig (oder spirituell), die Emotion körperlich (oder fleischlich)“ (S. 190). Den eigenen Emotionen ausgeliefert zu sein, war für Descartes in seiner „Abhandlung über die Leidenschaften“ die bedrohliche Erfahrung, „dass die Rationalität von den kausalen Kräften des Körpers überrollt wird“ (ebd.) und das ist gleichbedeutend mit einer Dehumanisierung, denn: „Das Wesentliche am Menschen ist seine Fähigkeit zu rationalem Denken und Handeln“ (S. 187). Also, und das ist die folgerichtige weitere Weltbild-Annahme: „Die Emotionen behindern oder verfälschen die Vernunft“ (S. 190). Toulmin betont die imprägnierende Kraft dieser Ideen in allen relevanten gesellschaftlichen Bereichen: Im kirchlichen Einflussfeld, im Bildungswesen und im gesellschaftlichen Alltag: „Das Lob der Vernunft und die Verachtung des Gefühls füllte nicht nur 200 Jahre lang die Predigten, es war auch die Grundlage eines ganzen Systems der moralischen Erziehung und der Gesellschaftsordnung“

(ebd.). Die Charakterkunden bis weit in unser Jahrhundert hinein sind noch von diesem Grundgedanken geprägt: Es geht immer um eine „Veredelung" des Charakters über den Weg der „Eindämmung", „Sublimation", „Beherrschung" des Körperlich-triebhaften. Positiv besetzt war die Vorstellung einer „kalkulativen Vorstellung von der Rationalität" (ebd.). Für die kognitive Handlungstheorie ist dies bis heute die Basis ihrer Subjektvorstellungen.

2. Die Durchsetzung des cartesianischen Weltbildes war identisch mit der Entstehung neuer normativer Vorstellungen von Normalität und Abweichung: „Die Wandlungen der geistigen Haltung und philosophischen Theorie von 1580 bis 1640 gehen (…) Hand in Hand mit größeren Veränderungen der Einstellung gegenüber annehmbarem und unannehmbarem Verhalten" (S. 76). Anschlussfähig zu dieser Toulminschen These wäre Foucaults Analyse zur Etablierung einer neuen Vernunftordnung, die zwangsläufig neue Bezirke der Unvernunft und Verrücktheit zur Folge hatte. Anschlussfähig wäre auch die Zivilisationstheorie von Norbert Elias (1976), der für den gleichen historischen Zeitraum entscheidende Prägephasen des neuzeitlichen Subjekts unterstellt, in der die Etablierung von „Selbstzwangapparaturen" die naturhaften menschlichen Äußerungsformen „hinter die Kulissen" verbannte. Anschlussfähig wäre schließlich auch Max Webers Analyse des „Geistes des Kapitalismus", der sich ja letztlich auch ein spezifisches Subjektgehäuse gebaut hat, ein „stahlhartes Gehäuse der Hörigkeit". Hier stoßen wir auf einen psychologierelevanten „Bestandteil des Gerüsts der Moderne", den „Gedanken, die geistige Einstellung solle logisch und grundsatztreu, rechnend und nicht von Gefühlen beeinflusst sein. Im Kern bestand das Ethos der modernen Welt von Descartes bis Freud in der Forderung der Selbstbeherrschung" (S. 262).
3. Bis zu Freud hatte die Psychologie kein adäquates theoretisches Modell, um das Vieldeutige, Ambivalente, Polymorphe im menschlichen Erleben und Handeln zu benennen. Es herrschte ein Eindeutigkeitszwang oder der Widerstreit auf Eindeutigkeit zielender Prinzipien, wie er in dem berühmten Buch von Ludwig Klages „Der Geist als Widersacher der Seele" zum Ausdruck kommt. Dieser Eindeutigkeitszwang wurde auch zur Basis von Erziehung, Lebenshilfe und Therapie. Die kognitive Psychologie entwirft das Menschenbild eines Subjekts das wirklich „Herr im eigenen Haus" ist, das kognitive Instrumentarien besitzt oder entwickeln kann, um eine gelingende Kontrolle über sich selbst ausüben zu können. „Die skeptische Anerkennung der Vieldeutigkeit und die Bereitschaft, mit der Ungewissheit zu leben", sind in diesen Varianten der Psychologie keine „lebendigen und geachteten geistigen Haltungen" und das ist für Toulmin auf die ungebrochene Wirkmächtigkeit des cartesianischen Baugerüsts zurückzuführen.

Die Psychologie konstruiert in ihrer Entstehungsphase als ihren Gegenstand ein „selbstgenügsames Individuum" (Sampson 1993), das sich weitgehend abgekoppelt hat von seiner Kultur und gesellschaftlichen Lebenswelt. Die emanzipatorische Utopie der Autonomie des Individuums hat sich zu einem Konzept des in sich eingeschlossenen Menschen entwickelt. Der Mensch als soziales Wesen bleibt fast auf der Strecke.

Johann Friedrich Herbart (1776–1841) gilt als Begründer der modernen Psychologie. Er hat den Versuch unternommen, diese als von der Philosophie unabhängige, auf Erfahrung begründete Einzelwissenschaft, zu formulieren. Er bemüht sich um eine Geltungsbegründung der Psychologie und dabei wird das das in sich eingeschlossene Individuum konstitutiv: „Weiß jemand anzugeben, unter welchen Bedingungen es allein möglich ist, dass die Totalität eines Gedankenkreises in der Form der Ichheit eingeschlossen erscheine: so findet er hiermit die Anfange der wahren Psychologie" (Herbart, Werke Bd. V, S. 293). Die „Seele" oder den „Geist" konstruiert Herbart als Maschine, dessen Bestandteile, die „Vorstellungen", mechanisch zusammenwirken: „Die Konstruktion des Geistes als Maschine erfordert ein mechanistisches Konstruktionsprinzip. Seine (Herbarts, H.K.) psychologischen Grundlehre ist daher eine Statik und Mechanik des Geistes aus dem Wirken seiner Grundelemente, der Vorstellungen, aufeinander. Die Statik des Geistes erforscht die Bedingungen, unter denen sich die Vorstellungen das Gleichgewicht halten; die Mechanik des Geistes untersucht die Gesetzmäßigkeiten, die dem Vorstellungsfluß, dem eigentlichen psychischen Geschehen, zugrunde liegen" (Jaeger und Staeuble 1978, S. 187 f.).

Herbart ist auf der Suche nach formalen Grundprinzipien der Seelentätigkeit und hat damit eine Linie der Psychologieentwicklung angelegt, die sich bis heute durchhält. Die sog. „Allgemeine Psychologie" beschäftigt sich mit den allgemeinen Grundfunktionen psychischer Abläufe wie Lernen, Denken, Wahrnehmen und Fühlen, die als universelle Funktionen aufgefasst werden, die unabhängig von Kultur und Gesellschaft in dieser Weise überall gelten. Und genau das war der Anspruch der Herbartschen Theorie. Nach ihr „gelten die Gesetze der Geistesmechanik ganz unabhängig von der Wirklichkeit, in der der Mensch lebt; sie würden auch gelten, wenn die Welt völlig anders wäre als sie ist" (Jaeger und Staeuble 1978, S. 189).

Aber dieser Konstrukteur einer zeitlos gültigen Geistesmaschine ist nicht der ganze Herbart, dem immerhin attestiert wird, auch „den ersten Schritt zur Begründung der Sozialpsychologie" getan zu haben (Geck 1929, S. 4). Für ihn ist der Mensch Natur- und gesellschaftliches Wesen zugleich. Die „Vorstellungsmechanik" soll die naturhaften formal-allgemeinen Prinzipien der Seelentätigkeit erfassen, aber damit ist der Mensch als soziales Wesen noch nicht erfasst. Es geht auch darum, „an die eigentümliche Beschaffenheit solcher Vorstellungsreihen (zu) erinnern, die sich im menschlichen Geist unter den vorhandenen menschlichen Verhältnissen unwillkürlich bilden" (Herbart, Werke V, S. 501).

Ein früher Historiker der Sozialpsychologie zitiert aus dem 1808 erschienen Herbartschen Werk „Allgemeine praktische Philosophie" folgenden Satz: „Kein Mensch steht allein, und kein bekanntes Zeitalter beruht auf sich selbst; in jeder Gegenwart lebt die Vergangenheit, und was der Einzelne seine Persönlichkeit nennt, das ist selbst im strengsten Sinne des Wortes ein Gewebe von Gedanken und Empfindungen, denen bei weitem größter Teil nur wiederholt, was die Gesellschaft, in deren Mitte er lebt, als ein geistiges Gemeingut besitzt und verwaltet" (Geck 1929, S. 9). In seinem psychologischen Hauptwerk „Psychologie als Wissenschaft" heißt es programmatisch in der Einleitung: „Der Mensch ist Nichts außer der Gesellschaft. Den völlig Einzelnen kennen wir gar nicht; wir wissen nur soviel mit Bestimmtheit, dass die Humanität ihm fehlen würde" (Werke VI, S. 20). Der Sozialpsychologe Herbart hat eine Reihe von Phänomenen begrifflich gefasst, die heute zum Kernbestand der Sozialpsychologie gehren: soziale Wahrnehmung, soziale Einstellung, Status und Rolle, Sozialisation als lebenslanger Prozess. Insbesondere hat ihn das Thema Identität beschäftigt: „Zentralthema Herbarts, das wie ein roter Faden seine ganze ‚Vorstellungsmechanik' durchzieht, ist im Grunde der Prozess der individuellen Ich-Entwicklung. Das ‚Ich', auch ‚Selbstbewusstsein', ‚Selbst' oder ‚Identität' genannt, ist für Herbart etwas historisch Gewordenes und durch soziale Erfahrung Wandelbares. So bildet sich das ‚Selbstbewusstsein derer, die in Pecking (sic!) oder am Orinoko wohnen, wie derer, die bei uns leben', nämlich jeweils anders" (Anger 1979, S. 31).

Herbart hat die Psychologie in einer durchaus widersprüchlichen Weise als Natur- und Kultur- bzw. Sozialwissenschaft konzipiert. Er hat einerseits wesentlichen Anteil an einer naturwissenschaftlichen Fundierung der Psychologie und andererseits hat er die Notwendigkeit betont, den Menschen in seiner kulturell-gesellschaftlichen Prägung zum Gegenstand der Untersuchung zu machen. Das von Descartes angebotene geistige Baugerüst der Moderne und der auf dieser Bahn sich vollziehende Siegeszug der Naturwissenschaften hat die von Herbart noch aufrechterhaltene widersprüchliche Einheit der Doppelperspektive auf den Menschen, als Natur- und Kulturwesen, gesprengt und die wissenschaftliche Psychologie hat sich immer ausschließlicher auf die experimentelle Analyse des in sich eingeschlossenen Menschen mit den Mitteln der Naturwissenschaften konzentriert.

3.2 „Völkerpsychologie" als Versuch, den monologistischen Ansatz der entstehenden Psychologie zu überwinden

Sind Gesellschaften nur Ansammlungen von in sich gleich strukturierten einzelnen Individuen, deren physisches und psychisches Innenleben auf seine universell gültigen Gesetzmäßigkeiten hin zu untersuchen ist? Diese Frage begleitet die sich in diesem Sinne „monologisch" (Sampson 1993) entwickelnde Psychologie. In ihrer binnenpsychologisch orientierten Perspektive ist die Herbartsche Konzeption des vergesellschafteten einzelnen zunehmend verloren gegangen. Als Reaktion hierauf und – wohl auch ideologisch gefordert – durch die nationale Einigungsbewegung entstand in der Mitte des 19. Jahrhundert die Völkerpsychologie. Sie steht „für eine ganz bestimmte nationale, das heißt politische, soziale und kulturelle Entwicklung als sich verändernden Kontext sozialen und individuellen Denkens. Kernannahme dieser Tradition war, die primäre Form menschlichen Zusammenlebens sei die kulturelle Gemeinschaft, das Volk, in dem sich die Erziehung und die Bildung der individuellen Person vollzieht (…) Während heute unter dem abstrakten Begriff ‚Gesellschaft' der soziale Kontext von Erfahrung, Handlung und Interaktion verstanden wird, war es für die deutschen Gelehrten des 18. und 19. Jahrhunderts die nationale und kulturelle Gemeinschaft des Volkes, dessen Seele oder ‚Volksgeist' als das Einheit stiftende geistige Prinzip angenommen wurde" (Graumann 1990, S. 9). Neben Herbart war es vor Johann Gottfried Herder (1744–1803), auf den sich die Begründung einer Völkerpsychologie berief. Für Herder ist die von Montesquieu übernommene Idee wichtig, dass naturgegebene Umstände wie das Klima, die geographischen Verhältnisse oder die spezifische nationale Geschichte die Einzigartigkeit eines Volkes bestimmen. Für Herder hat „jede Epoche und jeder Zeitgeist eine individuelle Prägung. Jede Epoche ist, so gesehen ‚einmalig'. Der Zeitgeist oder die Mentalität einer Epoche formen die einzelnen Phänomene auf allen Gebieten und verleihen ihnen eine eigentümliche Prägung. (…) Jedes Volk und jede nationale Kultur werden von einem bestimmten Zeitgeist oder Nationalcharakter geformt. Für Herder sind Sprache und Volksdichtung eines Landes ein gutes Beispiel für die Individualität und Besonderheit des Volksgeistes" (Skirbekk und Gilje 1993, S. 554 f.).

In kritischer Absetzung vom individualistisch-monologischen Paradigma der entstehenden Psychologie greifen vor allem Moritz Lazarus (1824–1903) und Hajim Steinthal (1823–1899) auf diese Gedanken von Herder zurück und versuchen eine Sozialpsychologie zu formulieren, die die „Gesellschaftsblindheit" der Psychologie überwinden soll. Bei Gustav Adolf Lindner (1828–1887) taucht dann auch in dem völkerpsychologisch inspirierten Buch „Ideen zur Psychologie der Gesellschaft, als Grundlage der Socialwissenschaft" (1871) der Begriff „Sozialpsychologie“ erstmals auf. Lazarus und Steinthal gründen 1860 das Journal „Zeitschrift für Völkerpsychologie und Sprachwissenschaft“ und formulieren in ihrem programmatischen Einleitungsaufsatz das Anliegen der Völkerpsychologie. Sie markieren als ihre Position, dass die „Psychologie immer einseitig (bleibt), so lange sie den Menschen als alleinstehend betrachtet“ (1860, S. 4) und betonen dagegen die Notwendigkeit einer „Psychologie des gesellschaftlichen Menschen oder der menschlichen Gesellschaft“ (S. 5).

Moritz Lazarus (1876) hat etwas später die Notwendigkeit einer sozialpsychologischen Perspektive eindringlich formuliert und aus seiner – bis heute aktuellen Argumentation – soll etwas ausführlicher zitiert werden. Lazarus tritt für eine Psychologie ein, die den Menschen „als soziales Wesen“ ernst nimmt:

> Die Psychologie lehrt, dass der Mensch durchaus und seinem Wesen nach gesellschaftlich ist; d. h. dass er zum gesellschaftlichen Leben bestimmt ist, weil er nur im Zusammenhange mit seinesgleichen das werden und das leisten kann, was er soll; so sein und wirken kann, wie er zu sein und zu wirken durch sein eigenstes Wesen bestimmt ist. Auch ist thatsächlich kein Mensch das, was er ist, rein aus sich geworden, sondern nur unter dem bestimmenden Einflusse der Gesellschaft, in der er lebt. (…) Der Geist ist das gemeinschaftliche Erzeugnis der menschlichen Gesellschaft. Hervorbringung des Geistes aber ist das wahre Leben und die Bestimmung des Menschen; also ist dieser zum gemeinsamen Leben bestimmt, und der Einzelne ist Mensch nur in der Gemeinschaft, durch die Theilnahme am Leben der Gattung (S. 332 f.).

Lazarus erhebt keinen Alleinvertretungsanspruch für die Psychologie des „gesellschaftlichen Menschen“. Er hält an der Doppelnatur des Menschen als Natur- und Sozialwesen fest. Die beiden Wesensmomente können nicht ineinander aufgehoben oder aufeinander reduziert werden:

> Es verbleibe also der Mensch als seelisches Individuum Gegenstand der individuellen Psychologie, wie eine solche die bisherige Psychologie war; es stelle sich aber als Fortsetzung neben sie die Psychologie des gesellschaftlichen Menschen oder der menschlichen Gesellschaft, die wir Völkerpsychologie nennen (S. 335).

Was aber ist nun der Gegenstand dieser Völkerpsychologie? Was ist dieser „Volksgeist“, der „nicht eine blos addirte Summe von Einzelnen, sondern eine geschlossene Einheit ausmacht, deren Art und Natur wir eben zu erforschen haben“ (S. 330). Die „Übersummation“ der einzelnen Bestandteile – so hätte es die spätere Gestaltpsychologie bezeichnet – wird hier behauptet, aber dieser Volksgeist wird nicht als „Substanz“ begriffen: „Es (gibt) keine substantielle Volksseele, sondern der Träger des Volksgeistes (sind) nur die zum bestimmten Volke gehrenden Individuen“ (Steinthal 1864, S. 37).

Das Problem der Völkerpsychologie in der programmatischen Formulierung von Lazarus und Steinthal blieb letztlich die abstrakte Programmatik. Auch wenn sie den „Volksgeist“ nicht substantialistisch fassen wollten, ist er oft genauso begriffen worden und die leere Substanz wurde zunehmend biologistisch aufgefüllt und mit dem Siegeszug des rassistischen Denkens erhielt sie immer häufiger die Gestalt einer „Rasseseele“. Das beginnt nicht erst bei den nationalsozialistischen Rassepsychologen wie Ferdinand L. Clauß, Hans F.K. Günther oder Bruno Petermann, sondern schon am Ende des 19. Jahrhunderts bei dem renommierten Begründer der „Massenpsychologie“, Gustave LeBon (1841–1931). In seinem 1896 erstmals erschienen (und 1922 ins Deutsche übersetzten) Buch „Psychologische Gesetze in der Völkerentwicklung“ wird der „Volksgeist“ rassistisch gedeutet. Auch LeBon geht es darum, soziale Zusammenhänge als überindividuelle zu begreifen. Der „soziale Kitt“, der diese Zusammenhänge garantieren soll, ist so etwas wie eine Kollektivseele: „Das Leben eines Volkes, seine Einrichtungen, Glaubenslehren und Künste sind nur der sichtbare Ausdruck seiner unsichtbaren Seele“ (S. 5). Diese etwas mythisch klingende Formulierung wird später klarer und erhält dann eine Form, die durchaus von Lazarus oder Steinthal stammen konnte: „Die verschiedenen Elemente, aus denen sich eine Kultur zusammensetzt: Sprache, Einrichtungen, Ideen, Glaubenslehren usw. sind als die Offenbarung der Seele der Menschen, die sie geschaffen haben, zu betrachten. Jedoch kommt, je nach Zeitalter und Rasse, die Wichtigkeit dieser Elemente, soweit sie Ausdruck der Volksseele sind, sehr verschieden zu Erscheinung“ (S. 41). „Dieses Netz von Überlieferungen, Ideen, Gefühlen, Glaubenslehren und gemeinsamer Denkart“ (S. 112), wie LeBon die „Volksseele“ an anderer Stelle bezeichnet, bekommt ihr inneres Fundament letztlich durch die rassischen Besonderheiten eines Volkes: „Sobald wir dagegen die Seele eines Volkes kennen, erscheint sein Leben als regelrechte und notwendige Folgeerscheinung seiner psychologischen Eigentümlichkeiten. In allen Daseinsäußerungen einer Nation finden wir immer wieder die unveränderliche Seele der Rasse, an den Fäden ihres eigenen Geschickes spinnend“(S. 81). „Rasse“ ist letztlich biologisch begründet, aber sie hat ebenso einen psychologischen Gehalt: „Eine Rasse besitzt psychologische Eigentümlichkeiten, die fast ebenso ausgeprägt sind, wie ihre körperlichen Eigentümlichkeiten“ (S. 139).

Diese rassistische Umdeutung des Kerngedankens der Völkerpsychologie kann man Lazarus und Steinthal nicht in die Schuhe schieben. Sie hatten als empirische Phänomene, an denen der „Volksgeist“ zu untersuchen wäre, eher Phänomene wie die Sprache, Sitten und Gebräuche, Religionen und Mythen im Sinn.

In gewisser Weise teilen Lazarus und Steinthal die Marxsche Kritik in seiner 6. Feuerbachthese an der Unterstellung eines „abstrakt-isoliert-menschlichen Individuums“. Für Marx ist „das menschliche Wesen kein dem einzelnen Individuum innewohnendes Abstraktum. In seiner Wirklichkeit ist es das Ensemble der gesellschaftlichen Verhältnisse“ (1844; Marx-Engels-Werke, Bd. 3, S. 6). Das Konzept vom „Volksgeist“ hat sich als zu vage erwiesen, die realen gesellschaftlichen Verhältnisse in ihren Konsequenzen auf das individuelle Seelenleben zu untersuchen.

3.3 Die Doppelnatur des Menschen als Natur- und Kulturwesen spaltet die Psychologie – bis heute

Paradoxerweise hat die Völkerpsychologie ihren Hohe- und Endpunkt in dem 10-bändigen Werk von Wilhelm Wundt (1900–1920) gefunden, der zugleich als zentrale Gründerfigur der experimentellen Psychologie gilt, die sich – immer wieder auf ihn berufend – radikal von jeder kulturpsychologischen Anwandlung freimachte und den naturwissenschaftlichen Weg zur Hauptverkehrsstraße der akademischen Psychologie erklärte. Wundt hat in seiner professionellen Sozialisation über die Medizin und da vor allem über die Physiologie zur Psychologie gefunden. Er bemüht sich eine „Psychologie vom naturwissenschaftlichen Standpunkt“ (so der Titel seiner Vorlesungen von 1862) aus zu entwickeln. Wundts Anspruch ist es, aus der Psychologie eine exakte Naturwissenschaft zu machen und das bedeutet primär, mit naturwissenschaftlicher Methodik zu arbeiten: „Sobald man einmal die Seele als ein Naturphänomen und die Seelenlehre als eine Naturwissenschaft auffasst, muss auch die experimentelle Methode auf diese Wissenschaft ihre volle Anwendung finden können“ (1862, S. XXVII). Hier wird das Psychische auf seine Naturseite reduziert, denn nur über diesen Weg ist die Voraussetzung für die experimentelle Methodik zu schaffen. Wundts Anspruch zielt darauf „das Bewusstsein in nicht weiter aufteilbare Bestandteile zu zerlegen; solche kleinstmöglichen Bestandteile nannte Wundt Elemente des Bewusstseins“ (Lück 1991, S. 58). Mit der Einrichtung des ersten psychologischen Labors an der Universität Leipzig (1879) wurde Wundt zum ersten Fixstern der sich etablierenden akademischen Psychologie.

Aber für Wundt stellten das naturwissenschaftliche Selbstverständnis und der experimentelle Weg in der Psychologie einen zwar wichtigen, aber nicht den ausschließlichen Weg der Psychologie dar. Er hat den kultur- und völkerpsychologischen Ansatz schon ab 1863 in seinem Projekt einer neuen Psychologie und dieses Vorhaben nie aus dem Auge verloren (vgl. Wundt 1911, 1912). Ja, er hat sogar in seiner letzten Schaffensperiode fast ausschließlich an seiner monumentalen Völkerpsychologie gearbeitet und sich immer weniger von der experimentellen Psychologie erwartet. Im Feld der Sozialpsychologie sah er die Grenze der experimentellen Methodik erreicht, damit aber war für ihn nicht die Grenze psychologischer Fragestellungen markiert. Er war ein früher Vertreter der „zwei Kulturen" in der Psychologie (vgl. Kimble 1974), die sich gegenseitig nicht ersetzen könnten.

Der kulturpsychologische Zweig der Psychologie hat, in der Fachgeschichte der Psychologie kaum zur Kenntnis genommen, kurz nach der Jahrhundertwende eine intellektuelle Zufuhr besonderer Art erhalten. Der junge Martin Buber (1878–1965) beginnt 1906 die Herausgabe einer vierzig Bände umfassenden Reihe mit dem Titel „Die Gesellschaft" und dem Untertitel „Sammlung sozialpsychologischer Monographien". In dieser Reihe haben z. B. Georg Simmel („Religion"), Fritz Mauthner („Die Sprache"), Ferdinand Tönnies („Die Sitte"), Martin Buber selbst („Die Geschlechter"), Werner Sombart („Das Proletariat"), Eduard Bernstein („Der Streik"), Gustav Landauer („Die Revolution"), Willy Hellpach („Die geistigen Epidemien"), Franz von Liszt („Das Verbrechen") oder Hugo Münsterberg („Die Universität") Monographien beigesteuert. Im Prospekt zu dieser Reihe wird der Anspruch von Martin Buber so formuliert: „Wurden bisher fast ausschließlich der „äußere Aufbau des Lebens der Gesellschaft und die wirtschaftlichen Werte", die es erzeugt, erörtert, so soll hier seine Bedeutung für die Seele des Menschen, sein seelischer Ursprung und seine seelischen Wirkungen zum Ausdruck kommen; es soll gezeigt werden, wie aus Empfindungen und Willensregungen das Soziale entsteht und wie es neue Empfindungen und Willensregungen auslost. Gezeigt soll dies werden nicht in abstrakter Untersuchung der allgemeinen Probleme, sondern durch eine psychologische Darstellung der einzelnen konkreten Erscheinungen". Unternommen wurde hier ein eindrucksvolles Projekt in der Tradition der Völkerpsychologie. Es wurde nicht der Ausgangspunkt bei abstrakt-allgemeinen Funktionsprinzipien des Psychischen (die „ewig theoretische Individualpsychologie" nennt das Mauthner (1906, S. 9)) gewählt, sondern es wurden konkrete gesellschaftliche Phänomene in ihrer Eigenlogik untersucht und im Verhältnis zu den handelnden und leidenden Subjekten analysiert. Die Wundt-Schüler Hugo Münsterberg, der Begründer der Wirtschaftspsychologie, und Willy Hellpach, sein Leben lang ein eigenwilliger Kopf in der Zunft der Universitätspsychologie, waren die einzigen Psychologen an diesem Projekt. Vielleicht ein Beleg dafür, dass die wissenschaftliche Psychologie in ihrer weiteren Etablierung nicht bereit war, das Wundtsche Diktum einzulösen.

Die widersprüchliche Einheit der Psychologie als Natur- und Sozialwissenschaft hat sich nicht aufrechterhalten lassen. Das „Soziale" ist der Soziologie überlassen worden und das „Psychische" ist als etwas Naturhaftes zur Domäne der Psychologie geworden. Die Verwissenschaftlichung fand vor allem über den experimentell-naturwissen-schaftlichen Weg statt. Er hatte in der wissenschaftlichen Landschaft nicht nur einen deutlich höheren Kredit (so Jahoda 1992), sondern schien auch derjenige, der der Psychologie politisch-ideologisch Verstrickungen zu ersparen schien. Die zwangsläufige Folge war eine „Sozialvergessenheit" oder „Sozialblindheit" der Psychologie (vgl. Jacoby 1977). Sie war und ist universellen Prinzipien psychischer Funktionsweisen auf der Spur. Selbst die später auf diesem Wege sich erfolgreich entwickelnde experimentelle Sozialpsychologie schert sich wenig um Wundts Einsichten und teilt – und das ist eine Paradoxie besonderer Art – die „Sozialblindheit" ihrer Mutterdisziplin.

Orientierungspunkte für eine soziale Sozialpsychologie – Für eine Wiedergewinnung gesellschaftsgeschichtlicher Reflexivität

4

Die Psychologie allgemein und die Sozialpsychologie im Besonderen ist durch den Verzicht auf die analytische Durchdringung konkreter gesellschaftlicher und kultureller Phänomene in eine Eiswüste inhaltsleerer Abstraktionen geraten. So hat sie zu den existentiellen Problemen unserer Zivilisation nichts zu sagen bzw. oft nur das Kategoriengeklimper inhaltsleerer Variablen. Das Subjekt wird theoretisch als informationsverarbeitendes Wesen nach dem Funktionsprinzipien eines Computers modelliert. Die „instrumentelle Vernunft" hat damit auch in der Theorienbildung der Psychologie ihren Siegeszug angetreten. Hinzu kommt die implizite Verpflichtung auf eine Integrationsmechanik, die in denkbar verschiedensten begrifflichen Verkleidungen als Hauptstrom sozialpsychologischer Theorienbildung die Landschaft theoretisch beherrscht. Sie geht von einer gelungenen Versöhnung individueller Ansprüche und gesellschaftlicher Anforderungen aus.

Die hauptsächlich betriebene Sozialpsychologie ist kognitivistisch und rationalistisch geprägt. Sie unterstellt–weitgehend unausgesprochen–die uneingeschränkte Möglichkeit, „Herr im eigenen Hause zu sein". Das ist eine „Schönwetterpsychologie" und auch bei „schönem" Wetter in hohem Maße verkürzend. Letztlich ist für mich der Prüfstein für die Erklärungskraft sozialpsychologischer Paradigmen ihre Bereitschaft und Fähigkeit, die faktischen und immer wieder drohenden Rückfälle in die Barbarei oder die regressiven Verarbeitungen gesellschaftlicher Belastungen und Krisen erklären zu können oder wenigstens sich ihnen deutend zu nähern.

Gesellschaftliche Brüche, der Verlust bislang gültiger Selbstverständlichkeiten, Situationen „historischer Ungleichzeitigkeit" werfen gerade für die Sozialpsychologie relevante Fragestellungen auf. Gerade in den Brüchen und Ambivalenzen noch nicht erreichter oder prinzipiell nur vorübergehend erreichbarer Synchronisationen zwischen subjektiven und objektiven Lebensbedingungen

© Springer Fachmedien Wiesbaden 2016
H. Keupp, *Reflexive Sozialpsychologie*, essentials,
DOI 10.1007/978-3-658-12932-3_4

liegen enorme Chancen für die Analyse psychosozialer Unterströmungen des Alltagslebens. In diesen Unterströmungen liegen beispielsweise die identifizierbaren Ursachen dafür, dass einzelne Personen oder Gruppen Vorurteile und selektive Wahrnehmungsleistungen brauchen, um ihren Alltag lebbar zu machen. In diesen Unterströmungen liegen die Bedingungen für den Umgang mit gesellschaftlich erzeugten Ängsten (z. B. im Zusammenhang mit Umweltzerstörung, atomarer Bedrohung oder den Folgen radikaler gesellschaftlicher Umbrüche). Hier gälte es, „unsichtbare Dinge sichtbar zu machen", wie es Marie Jahoda, die „große alte Dame" der Sozialpsychologie (Fryer 1986), als deren Aufgabe formuliert hat.

In vier Punkten möchte ich mein Verständnis von Sozialpsychologie zusammenfassen (ausführlicher in Keupp und Bilden (1989) und Keupp (1993)):

1. Subjektive Prozesse des Erlebens und Handelns lassen sich als soziale Phänomene zureichend nur aus ihrer soziohistorischen Spezifität begreifen. Der Gegenstand der Sozialpsychologie und diese selbst sind an Voraussetzungen spezifischer Vergesellschaftungsprozesse gebunden und mit deren Veränderungen wandelt sich auch das Gegenstandsfeld der Sozialpsychologie und mit ihnen die theoretischen Aneignungsbemühungen (dies ist die Position des „sozialen Konstruktivismus").
2. Das „Soziale", das der Sozialpsychologie im Rahmen der Psychologie ihre disziplinare Identität verleiht, lässt sich nicht als additive Verknüpfung individueller Prozesse begreifen, sondern erfordert einen gesellschaftswissenschaftlichen Zugang. Die konzeptuelle Verknüpfung individuellen und sozialen Geschehens verlangt von der Sozialpsychologie interdisziplinäre Offenheit und Vermittlungsarbeit.
3. Das im Alltag Selbstverständliche, die Herstellung von Identität, Normalität, Konformität und Ordnung werden zum zentralen Untersuchungsgegenstand der Sozialpsychologie (vgl. Keupp et al. 2013[5]). In der krisenhaften Erschütterung von alltäglichen Selbstverständlichkeiten werden am ehesten jene psychosozialen Prozesse sichtbar und analysierbar, die die Ordnungsunterstellungen im Alltag ermöglichen.
4. Die Erforschung psychosozialer Prozesse in der Alltagswelt erfordert eine methodische Zugangsweise, die die historisch-spezifischen Konstruktionsleistungen der Subjekte unter den Bedingungen von All-

täglichkeit zu erfassen vermag. Entsprechend dieser Einsicht wächst das Interesse an den methodischen Ressourcen der qualitativ-hermeneutischen Tradition der Sozialforschung. Auch in der internationalen Psychologie hat sich eine qualitative Strömung etablieren können (Parker 2005; Smith 2003).

In diesen Punkten ist der Anspruch einer soziohistorischen Positionierung der Sozialpsychologie enthalten, der unabdingbar mit einer vielfältigen Reflexivität verbunden ist:

1. Eine historische Reflexivität: Das Subjekt, das von der nomothetisch orientierten Psychologie wie eine naturhafte Gegebenheit betrachtet wird, ist historisch konstituiert. Es ist in seinen uns heute augenfälligen spezifischen Grundzügen nicht unabhängig von der entstehenden und sich etablierenden bürgerlich-kapitalistischen Gesellschaft zu begreifen. Der Ansatz von Norbert Elias (1976) zeigt dies deutlich auf und begründet die Kritik an den „homo clausus"-Modellen des Menschen, die ein Grundempfinden des modernen Subjektes theoretisch verdoppeln, anstatt die Entstehensbedingungen dieser Empfindung des Abgetrenntseins von anderen Menschen aufzuhellen.
2. Die Reflexivität gegenüber Alltagsbewusstsein und -empfinden: Den Anspruch von Marie Jahoda, „das Unsichtbare sichtbar zu machen" oder die Ambivalenzen, Widersprüche und Sehnsüchte unterhalb der Schwelle zivilisatorischer Geordnetheit sichtbar zu machen, verfolgt am ehesten die psychoanalytische Sozialpsychologie und die vor allem auf Freud aufbauende Sozialpsychologie von Theodor W. Adorno und der Kritischen Theorie. Die Einbeziehung der eigenen Person als ForscherIn bzw. TherapeutIn sowie die Orientierung an einem radikal kritischen Prinzip gilt als Grundbedingungen einer reflexiven Sozialpsychologie.
3. Die Reflexion der geschlechtsspezifischen Differenzen: Das Individuum der dominanten Sozialpsychologie ist auf den ersten Blick das universelle, geschlechtsneutrale Individuum und auf den zweiten Blick erweist es sich als eine Kopie der Idealfiktion des männlichen Sozialcharakters: Rational-strategisch steuernd; „Individuen, die sich als sich selbstbestimmende, autonome Souveräne, für sich

selbst verantwortliche Verfasser ihrer eigenen Lebenswerke" verstehen (Sampson 1989, S. 915). Die feministische Sozialpsychologie (vgl. Bilden 1989, 1993)hat uns mit einer Einsicht konfrontiert, ohne die eine reflexive Sozialpsychologie nicht mehr denkbar wäre: „Der monadische Individualismus und die instrumentelle Rationalität sind die kulturellen Korrelate der männlichen Differenzierungserfahrung" (Benjamin 1982, S. 445).

4. Die Reflexion wissenschaftlicher Konstrukte: Unser Wissen, unsere Perspektiven und unsere jeweiligen konzeptuellen Annahmen vom Subjekt und einzelnen psychosozialen Phänomenen sind eingebunden in einen gesamtgesellschaftlichen Erkenntnis- und Veränderungsprozess, dessen verstehende Entzifferung das Hauptanliegen der reflexiven Sozialpsychologie ist.
5. Die reflexive Modernisierung ist eine soziologisch-philosophische Perspektive auf die gegenwärtigen gesellschaftlichen und Subjektverhältnisse (Keupp und Hohl 2006). Diese Perspektive betont, dass sich kein kulturelles, gesellschaftliches und subjektives Phänomen der Gegenwart im Zustand des unstrittigen Soseins befindet; das jeweils gelebte Leben könnte auch anders verlaufen, erfordert der Begründung, wird reflexiv. Die Individualisierungstheorie (Beck 1986; Berger und Hitzler 2010) zeigt, wie sich biographische Lebenslaufmuster aus unbefragt akzeptierten Normalitätsmustern herauszulösen beginnen und reflexiv werden.
6. Ein reflexives Methodenverständnis schöpft aus dem sich zunehmend konsolidierenden Reservoir qualitativer empirischer Sozialforschung (Flick et al. 2012; Flick 2007). Von zentraler Bedeutung für SozialpsychologInnen ist, eigene Interessen, Erwartungen und Emotionen in Bezug auf die jeweils untersuchte Fragestellung und die Beziehung zu den Befragten zu reflektieren.

„Was Sie aus diesem essential mitnehmen können"

- Die Fragestellungen der Sozialpsychologie haben eine lange Vorgeschichte
- Im Zentrum jeder Sozialpsychologie steht die Herausbildung von Handlungssicherheiten durch alltägliche Selbstverständlichkeiten
- Die Sozialpsychologie in ihrer sozial- und kulturwissenschaftlichen Prägung leitet sich aus der Doppelnatur des Menschen als Natur- und Kulturwesen ab
- Das subjektive Erleben und Handeln ist immer bestimmt von den jeweiligen gesellschaftlichen Rahmenbedingungen
- Die kritische Reflexion der Kontextgebundenheit von Erleben und Handeln und ihrer wissenschaftlichen Erforschung erfordert eine Reflexive Sozialpsychologie

© Springer Fachmedien Wiesbaden 2016
H. Keupp, *Reflexive Sozialpsychologie*, essentials,
DOI 10.1007/978-3-658-12932-3

Literatur

Adorno, T. W. (1955). Zum Verhältnis von Soziologie und Psychologie. In T. W. Adorno & W. Dirks (Hrsg.), *Sociologica. Aufsätze, Max Horkheimer zum sechzigsten Geburtstag gewidmet* (S. 11–45). Frankfurt a. M.: Europäische Verlagsanstalt.

Beck, U. (1986). *Risikogesellschaft. Auf dem Weg in eine andere Moderne*. Frankfurt a. M.: Suhrkamp.

Becker, H. (1979). Die historische Entwicklung der Sozialpsychologie. In A. Heigl-Evers (Hrsg.), *Lewin und die Folgen. Band VIII von Die Psychologie des 20. Jahrhunderts* (S. 29–50). Zürich: Kindler.

Berger, P. A., & Hitzler, R. (Hrsg.). (2010). *Individualisierungen. Ein Vierteljahrhundert „jenseits von Stand und Klasse"?* Wiesbaden: VS Verlag für Sozialwissenschaften.

Bilden, H. (1989). Geschlechterverhältnis und Individualität im gesellschaftlichen Umbruch. In H. Keupp & H. Bilden (Hrsg.), *Verunsicherungen. Das Subjekt im gesellschaftlichen Wandel* (S. 19–46). Göttingen: Hogrefe.

Bilden, H. (1993). Feministische Perspektiven in der Sozialpsychologie am Beispiel der Bulimie. In H. Keupp (Hrsg.), *Zugänge zum Subjekt* (S. 147–185). Frankfurt a. M.: Suhrkamp.

Buber, M. (1906). Geleitwort zur Sammlung „Die Gesellschaft". Sammlung sozialpsychologischer Monographien. In W. Sombart (Hrsg.), *Das Proletariat* (S. V–XIV). Frankfurt a. M.: Rütten und Loening.

Dahrendorf, R. (1965). *Homo Sociologicus. Ein Versuch zur Geschichte, Bedeutung und Kritik der Kategorie der sozialen Rolle* (16. Aufl. mit einem neuen Vorwort). Wiesbaden: VS Verlag. (Wiesbaden 2006).

Devereux, G. (1974). Normal und anormal. Die Schlüsselbegriffe der Ethnopsychiatrie. In W. Muensterberg (Hrsg.), *Der Mensch und seine Kultur*. München: Kindler.

Devereux, G. (1978). *Ethnopsychoanalyse, Die komplementaristische Methode in den Wissenschaften vom Menschen*. Frankfurt a. M.: Suhrkamp.

Dokecki P. R. (1992). On knowing the community of caring persons: A methodological basis for the reflective-generative practice of community psychology. *Journal of Community Psychology, 20,* 26–35.

Elias, N. (1976). *Über den Prozess der Zivilisation* (2 Bände). Frankfurt a. M.: Suhrkamp.

Elster, J. (1989). *The cement of society. A study of social order*. Cambridge: Cambridge University Press.

© Springer Fachmedien Wiesbaden 2016

H. Keupp, *Reflexive Sozialpsychologie,* essentials,
DOI 10.1007/978-3-658-12932-3

Falk, G., & Steinert, H. (1973). Über den Soziologen als Konstrukteur von Wirklichkeit, das Wesen der sozialen Realität, die Definition sozialer Situationen und die Strategien ihrer Bewältigung. In H. Steinert (Hrsg.), *Symbolische Interaktion. Arbeiten zu einer reflexiven Soziologie* (S. 13–45). Stuttgart: Ernst Klett.

Flick, U. (2007). *Qualitative Sozialforschung. Eine Einführung*. Reinbek: Rowohlt.

Flick, U., v. Kardorff, E., Keupp, H., v.Rosenstiel, L., & Wolff, S. (Hrsg.). (2012[3]). *Handbuch Qualitative Sozialforschung*. Weinheim: Psychologie Verlags Union.

Fryer, D. (1986). The social psychology of the invisible: An interview with Marie Jahoda. *New Ideas in Psychology, 4,* 107–118.

Geck, L. H. A. (1929). *Sozialpsychologie in Deutschland. Eine Einführung in die Literatur*. Berlin: Dr. Walther Rothschild.

Graumann, C.-F. (1990). Einführung in eine Geschichte der Sozialpsychologie. In W. Stroebe et al. (Hrsg.), *Sozialpsychologie* (S. 4–20). Berlin: Springer.

Herbart, J. F. (1883–1892). *Sämtliche Werke* (13 Bände). Hrsg. von G. Hartenstein. Hamburg: Leopold Voss.

Hofstätter, P. R. (1963). *Einführung in die Sozialpsychologie*. Stuttgart: Kroner.

Hoshmand L. T. (1994). *Orientation to inquiry in a reflective professional psychology*. New York: State University of New York Press.

Hoshmand L. T., & Polkinghorne D. E. (1992). Redefining the science-practice relationship and professional training. *American Psychologist, 47,* 55–66.

Jacoby, R. (1977). *Soziale Amnesie*. Frankfurt a. M.: Suhrkamp.

Jaeger, S., & Staeuble, I. (1978). *Die gesellschaftliche Genese der Psychologie*. Frankfurt a. M.: Campus.

Jahoda, G. (1992). *Crossroads between culture and mind. Continuities and change in theories of human nature*. New York: Harvester-Wheatsheaf.

Kagan, J. (2009). *The three cultures: Natural sciences, social sciences, and the humanities in the 21st century*. New York: Cambridge University Press.

Keupp, H. (1989). Einleitung. Subjekt und Gesellschaft: Sozialpsychologische Verknüpfungen. In H. Keupp & H. Bilden (Hrsg.), *Verunsicherungen. Das Subjekt im gesellschaftlichen Wandel* (S. 9–18). Göttingen: Hogrefe.

Keupp, H. (1993). Identitäten in der Psychologie jenseits der Imitationsidentität. *Journal für Psychologie, 1*(2), 4–14.

Keupp, H. (Hrsg.). (1994a). *Zugänge zum Subjekt. Perspektiven einer reflexiven Sozialpsychologie*. Frankfurt a. M.: Suhrkamp.

Keupp, H. (1994b). Zur Einführung. Für eine reflexive Sozialpsychologie. In H. Keupp (Hrsg.), *Zugänge zum Subjekt. Perspektiven einer reflexiven Sozialpsychologie* (S. 7–20). Frankfurt a. M.: Suhrkamp.

Keupp, H. (1998). Einführung: Der Mensch als soziales Wesen – Sozialpsychologisches Denken im 20. Jahrhundert. In H. Keupp (Hrsg.), *Der Mensch als soziales Wesen – Sozialpsychologisches Denken im 20. Jahrhundert* (S. 11–49). München: Piper.

Keupp, H. (2001). Das Subjekt als Konstrukteur seiner selbst und seiner Welt. In H. Keupp & K. Weber (Hrsg.), *Psychologie. Ein Grundkurs* (S. 35–53). Reinbek: Rowohlt.

Keupp, H., & Bilden, H. (Hrsg.). (1989). *Verunsicherungen. Das Subjekt im gesellschaftlichen Wandel*. Göttingen: Hogrefe.

Keupp, H., & Hohl, J. (Hrsg.). (2006). *Subjektdiskurse im gesellschaftlichen Wandel: Zur Theorie des Subjekts in der Spätmoderne*. Bielefeld: Transcript Verlag.

Keupp, H., Ahbe, T., Gmür, W., Höfer, R., Kraus, W., Mitzscherlich, B., & Straus, F. (2013[5]). *Identitätskonstruktionen. Das Patchwork der Identität in der Spätmoderne*. Reinbek: Rowohlt.

Kimble, G. A. (1984). Psychology's two cultures. *American Psychologist, 39,* 833–839.

Krüger H.-P. (1991). Postmoderne als moderne Rekonstruktion der Moderne. Stephen Toulmins Kritik moderner Wissenschaften. In H.-P. Krüger (Hrsg.), *Objekt- und Selbsterkenntnis* (S. 15–41). Berlin: Akademie-Verlag.

Kvale S. (Hrsg.). (1992). *Psychology and postmodernism*. London: Sage.

Lazarus, M. (1878). *Das Leben der Seele in Monographien über seine Erscheinungen und Gesetze* (Zweite und erweiterte Auflage). Berlin: Fred. Dümmlers Verlagsbuchhandlung.

Lazarus, M., & Steinthal, H. (1860). Einleitende Gedanken zur Völkerpsychologie und Sprachwissenschaft. *Zeitschrift für Völkerpsychologie und Sprachwissenschaft, 1,* 1–73.

Le Bon, G. (1922). *Psychologische Gesetze in der Völkerentwicklung*. Leipzig: Hirzel (Übersetzung nach der 14. Aufl. aus dem Französischen).

Levi-Strauss, C. (1968). *Das wilde Denken*. Frankfurt a. M.: Suhrkamp.

Lindner, G. A. (1871). *Ideen zur Psychologie der Gesellschaft. Grundlagen der Socialwissenschaft*. Wien: Carl Gerold.

Lück, H. (1984). Sozialpsychologie. In H. E. Lück, R. Miller, & W. Rechtien (Hrsg.), *Geschichte der Psychologie. Ein Handbuch in Schlüsselbegriffen* (S. 161–170). München: Urban & Schwarzenberg.

Lück, H. (1991). *Geschichte der Psychologie*. Stuttgart: Kohlhammer.

MacIntyre, A. (1988). *Whose justice? Which rationality?* London: Duckworth.

Macpherson, C. B. (1967). *Die politische Theorie des Besitzindividualismus*. Frankfurt a. M.: Suhrkamp.

Markus, H., & Kitayama, S. (1991). Culture and the self: Implications for cognition, emotion, and motivation. *Psychological Review, 98,* 224–253.

Marx, K. (1958). Thesen über Feuerbach (1844). In Marx-Engels-Werke (Bd. 3, S. 5–7). Berlin: Dietz.

Mauthner, F. (1906). *Die Sprache*. Bd. IX der Reihe „Die Gesellschaft" (Hrsg. von Martin Buber). Frankfurt a. M.: Rütten u. Loening.

Montaigne, M. de (1953). *Essais. Auswahl und Übertragung von Herbert Lüthy*. Zürich: Manesse.

Nolte, H. (2008). Sozialpsychologie/Sozialanthropologie. In S. Farzin & S. Jordan (Hrsg.), *Lexikon der Soziologie und Sozialtheorie* (S. 256–260). Stuttgart: Reclam.

Obermeit, W. (1980). *Das unsichtbare Ding, das Seele heißt. Die Entstehung der Psyche im bürgerlichen Zeitalter*. Frankfurt a. M.: Syndikat.

Parker, I. (2005). *Qualitative psychology. Introducing radical research*. New York: Open University Press.

Prilleltensky I. (1989). Psychology and the status quo. *American Psychologist, 44,* 795–802.

Prinz W. (1992) Fünf Thesen zur sogenannten Erneuerung zur sogenannten Psychologie. Preprint. München: Max-Planck-Institut für psychologische Forschung. (später erschienen. In A. Schorr (Hrsg.), *Die Psychologie und die Methodenfrage. Reflexionen zu einem zeitlosen Thema* (S. 3–9). Göttingen: Hogrefe).

Rauschenbach, B. (1994). Die Wiederkehr des Behemoth. *Journal für Psychologie, 2,* 47–60.

Rohracher, H. (1988). *Einführung in die Psychologie* (13. Aufl.). München: Urban & Schwarzenberg.

Sampson, E. E. (1989). The challenge of social change for psychology. Globalization and psychology's theory of the person. *American Psychologist, 44,* 914–921.
Sampson, E. E. (1993). *Celebrating the other. A dialogic account of human nature*. New York: Harvester-Wheatsheaf.
Schneider S. F. (1990). Psychology at a crossroads. *American Psychologist, 45,* 521–529.
Skirbekk, G., & Gilje, N. (1993). *Geschichte der Philosophie. Eine Einführung in die europäische Philosophiegeschichte* (2 Bände). Frankfurt a. M.: Suhrkamp.
Smith, J. A. (2003). *Qualitative psychology. A practical guide to research methods*. London: Sage.
Snow C. P. (1964). *The two cultures and a second look.* Cambridge: Cambridge University Press
Spence J. T. (1987). Centrifugal and centripetal tendencies in psychology: Will the center hold? *American Psychologist, 42,* 1052–1054.
Staeuble, I. (1972). Politischer Ursprung und politische Funktionen der pragmatistischen Sozialpsychologie. In H. Nolte & I. Staeuble (Hrsg.), *Zur Kritik der Sozialpsychologie* (S. 7–65). München: Hanser.
Staeuble, I. (1984). Entstehen der Psychologie als Wissenschaft. In H. E. Lück, R. Miller, & W. Rechtien (Hrsg.): *Geschichte der Psychologie. Ein Handbuch in Schlüsselbegriffen* (S. 10–16). München: Urban & Schwarzenberg.
Steinthal, H. (1864). *Philologie, Geschichte und Psychologie*. Berlin: F.Dümmler.
Toulmin, S. (1991). *Kosmopolis. Die unerkannten Aufgaben der Moderne*. Frankfurt a. M.: Suhrkamp.
Wundt, W. (1862). *Beiträge zur Theorie der Sinneswahrnehmung*. Leipzig: Winter.
Wundt, W. (1900–1920). *Völkerpsychologie* (10 Bände). Eine Untersuchung der Entwicklungsgesetze von Sprache, Mythus und Sitte. Leipzig: Kröner.
Wundt, W. (1911). *Probleme der Völkerpsychologie*. Leipzig: Wiegandt.
Wundt, W. (1912). *Elemente der Völkerpsychologie. Grundlinien einer psychologischen Entwicklungsgeschichte der Menschheit*. Leipzig: Kröner.